KB264689

내 마음 수행 방법

봉정암 가는 길이 기도수행 길이라네

저자 소개

금우스님

– 1990년 3월 20일 불은사

　　서웅스님을 은사로 득도

– 1992년 5월 불은사

　　석수스님을 계사로 사미계 수지

– 2004년 10월 17일 금수사

　　보성, 해공, 수진스님을 계사로 비구계 수지

– 2008년 설악산 봉정암 3년 기도 후

　　부주지 소임으로 법문

– 2012년부터 현 양주 불국사 주지 소임

이 책을 쓰게 된 이유

소승은 설악산 봉정암에서 3년 기도 마치고 난 후 주지 스님의 배려로 봉정암에서 법문을 하게 되었습니다.

법문을 할 때부터 마음에 아쉬움이 남았습니다. 봉정암에 오시는 불자님은 수없이 많은데 법문을 한번 듣고는 이해하기 어렵고 계속 공부하기는 더욱 어려우니 우리 불자님들과 함께 부처님의 법을 좀 더 이해하고 부처님의 지견(智見)에 들어가게 하고자 법문 내용을 정리하여 이 책을 쓰게 된 동기가 되었습니다.

'부처님께서 득도 후 처음 오 비구에게 고집멸도(苦集滅道) 사성제(四聖諦)의 법을 설하여 아라한과를 득했다,' 했는데 오늘날 우리 수행자들은 고집멸도(苦集滅道)의 수행 방법을 듣고도 전혀 아라한과를 득했다는 답이 없는 것입니다.

초전법륜(初轉法輪)이 가장 중요한 내용인데 우리

가 알고 있는 고집멸도(苦集滅道) 사성제(四聖諦)
의 수행 방법이 맞는 것인지 다시 생각해 보자는
내용으로 의문 했던 내용들을 정리합니다.

부처님께서는 생노병사(生老病死)의 원인을 해결
하고자 수행의 길을 선택하셨는데,
득도 후
생노병사(生老病死)를 해결하는 방법으로
고집멸도(苦集滅道)의 수행 방법을 설하셨다.
고(苦) : 인생사에 일어나는 인연이 생노병사(生
老病死)의 원인이 된 것이다.
집(集) : 인생사에 인연으로 일어나는 마음의 집
착이 고통의 원인이 된다.

집착(執着)의 원인이
아상(我相) 인상(人相) 중생상(衆生想) 수자상(壽者
相)이 바로『나』라고 아집(我執)한다는 것을 깨우
쳐야 합니다.

멸(滅)이란
아집(我執)을 멸(滅)하는 수행 방법으로
마음이 일어나는 원인을 설하신 십이인연법(十
二因緣法)을 깨우쳐
『나』라는 아상(我相)이 바로 분별의식(分別意識)이
라는 것을 알고 이를 일어나지 않게 하고
『나』라는 아상(我相)으로 감정(感情)을 일으키지
말고 청정한 마음을 지키는 것이다.

이와 같이 아집(我執)이 일어나지 않게
청정한 마음으로 도(道)를 수행하는 방법이 팔정
도 수행입니다.

이와 같은 고집멸(苦集滅)의 단계에 이르지 못하
면 팔정도(八正道)에서 정견(正見)이라는 바른 견
해(見解)는 없는 것이다.
그래서 정견(正見)을 수행할 때 일반 수행자나 불
자는 그냥 나의 견해로 보지 말고 분별의식으로
보지 말고 있는 그대로 그냥 보라.

즉 색안경 끼고 보지 말라는 것입니다.

그러고 보니 불교는 무아(無我)인데
무엇이 윤회(輪回)를 하느냐!
어느 스님은 윤회는 없다고 말하는데,
불교는 인과응보(因果應報)의 결과로
육도윤회(六道輪廻)를 말하고 있다.
부처님의 전생담(前生譚)을 듣고도 없다 하는가?
그리고 신통 제일 목건련의 어머니 천도재를 듣
고도 육도윤회(六道輪廻)가 없다 하는가?

불자님들이 무엇이 맞는지 중심을 잡지 못하여
불교의 정확한 정리가 필요하다 생각했다.

'무엇이 사람이 되었나?' 하는
질문을 던져본다.

기독교는 하나님이 창조했다 하고
과학자들은 진화론을 말하는데

우리 불교는 무엇이 사람이 되었다 말하는가?

우리 불교에서는 천도재를 하는데
윤회가 없다면 천도재를『왜』하는가?

아함경 세기경에
천상의 신들이 공덕이 다하면 인간으로 떨어진다.
인간이 세상에서 공덕을 쌓으면 다시 천상에 태어
난다. 그러면 다시 신(神)이 되는 것이다.

신(神)이 타락한 것이 인간이고
인간이 공덕을 쌓아 천상에 태어나면 천신이 되
는 것이다.
육도윤회(六道輪廻)에서 벗어나려면
본래 부처인 불성(佛性)을 회복해야 한다.
그래서 불성(佛性)을 회복하여 부처를 이루면
육도윤회(六道輪廻)에서 벗어나는 것이다.

이 불성(佛性)을 회복하면 무아(無我)이니

당연히 윤회가 끊어지는 것이다.

아상(我相), 즉 『나』라는 분별의식이 있으면
당연히 윤회를 벗어나지 못한다.
분명하게 알아야 한다.

이제부터 부처님의 견해(見解)에 들어가기 위하
여 우리가 수행하는 방법들을 함께 고민하고자
합니다.

1) 참회는 어떻게 해야 하는가?
2) 기도는 어떻게 해야 하는가?
3) 호흡 수행은 어떻게 해야 하는가?
4) 부처님의 견해와 중생의 견해의 차이는?
5) 신수심법(身受心法)수행은 어떻게 해야 하는가?
6) 번뇌망상(煩惱妄想)에서 벗어나는 방법은?
7) 부처님의 불교사상은 무엇인가?
8) 공(空)이란 어떤 상태인가?
9) 무명(無明)은 어떤 상태인가?

10) 마음이란 어떤 상태인가?

11) 무엇이 인간이 되었나?

12) 무엇이 천신이 되었나?

13) 천상은 누가 만들었나?

14) 염라국과 지옥은 누가 만들었나?

15) 마음을 닦는 것인가? 마음먹는 것인가?

16) 불성을 회복하기 전 중생에게 정견(正見)이란
   없다.

삼법인(三法印)을 체득한 열반적정(涅槃寂靜)에 들어야 정견(正見)이 된다.

정명(正命)을 『왜』 생명 명(命) 자를 쓸까?

이는 생명의 근본 자리이며, 마음의 근본 자리이다.

이 자리를 깨우쳐야 청정한 의식으로, 오감으로 말하고 듣고 행하는 것이다.

청정한 의식이 혼탁하지 않도록 정정진(正精進) 하는 것이 마음을 지키는 것이고 계행(戒行)을 지

켜 도(道)에 입문(入門)하여야 팔정도(八正道)를 수
행할 수 있다는 견해입니다.

심연의 연꽃 보좌에 앉아보니

하나의 물방울이 드러나면 아상이요
바람에 일렁이는 파도는 나의 마음이라.
아상과 마음을 잠재우니 바닷물이로다.
심연의 연꽃 보좌에 앉아보니
깊고 깊은 바다는 고요 적정한데
무엇이 아상이고 무엇이 내 마음이려나!

저 석양에 뭉게구름은 무엇이 만들었나!
뒤덮은 구름으로 하늘에 경계가 생겼네!
비행기 타고 저 하늘 창공에 올라앉아 보니
본래 하늘은 맑고 맑은 창공으로 드러나네
바람이 불어와 빗물 되어 흘러내리니
넓고 넓은 창공은 본래 경계가 없는데
우물 안 개구리가 따로 없구나

1) 양심을 사랑하여

진솔함을 찾았습니다.

2) 존재하지 않지만
　진솔한 존재를 사랑합니다.

3) 걸림이 없는 진솔함이
　진정한 행복입니다.

4) 초발심에 들어가
　환희심을 찾았습니다.

5) 동체대비심에 들어가
　제불보살을 알았습니다.

6) 내려놓음에서
　평온함을 찾았습니다.

7) 청정한 의식에서
　분별의식을 알아차렸습니다.

8) 무소유에서
　온 세상을 다 품었습니다.

9) 무념처(無念處)에서
　무심을 찾으니 주인이 되었습니다.

10) "나"라는 아상(我相)을 내려놓으니
　자유자재(自由自在)함을 얻었습니다.

나를 찾는다고 분주하게 나대지 마소
찾으면 숨어서 전혀 보이지 않는다네!
나 아닌 것은 분주하게 주인 대접하여
분별의식으로 아상 꽃피워 만개하건만
대접도 하지 않으면서
나를 찾아 무엇을 하려는가?
본래부터 청정한 의식으로 존재하나
지혜 광명의 꽃 피지도 못했다네

차례

차례

1, 부처님 말씀 깨닫기

부처님 말씀을 깨닫기 위해서는
자신의 지견(知見), 견해(見解)를 비우고
불지견(佛知見), 개시오입(開示悟入)
부처님의 지견(智見)을 열어 깨우침에 들어
부처님의 지견(智見)으로 봐야 한다.

"왜" 소설책을 읽더라도 필자의 심정과 공감된
감정으로 가슴이 뭉클해져야 필자의 지견(知見)
을 알 수 있다.

불경은 부처님의 입장에서 봐야 하고
성경은 하나님의 입장에서 봐야 한다.

이 뜻을 아는가?
차나 한잔하시게 하면서 찻잔이 넘치도록 따라
준다.

입차문래(入此門來)

이 문에 들어오면

막존지해(莫存知解)

알고 있는 것을 풀어서 없이하라

무해공기(無解空器)

빈 그릇처럼 견해가 없어지면

대도성만(大道成滿)

대도를 이루리라 한다.

부처님의 말씀을 깨닫기 위해서는

우리는 부처님의 지견(持見)을 공부해야 한다.

금강경(金剛經) 장엄정토분(莊嚴淨土分) 제십(第十)

에 보면,

제보살마하살(諸菩薩摩訶薩)

모든 보살 마하살은

응여시생청정심(應如是生淸淨心)

마땅히 이같이 청정한 마음을 낸다.

불응주색생심(不應住色生心)

응당 형색에 머무르지 않고 마음을 내고

불응주성향미촉법생심(不應住聲香味觸法生心)
응당 소리 냄새 맛 감촉 법에도 머무르지 않고
마음을 내고
응무소주(應無所住) 이생기심(而生其心)
응당 머무르지 않고
그 마음을 내어야 하느니라.

여기서 가장 중요한 내용이
제보살마하살(諸菩薩摩訶薩)
모든 보살 마하살은
응여시생청정심(應如是生淸淨心)
마땅히 이같이 청정한 마음을 낸다는 것이다.
이 청정한 자리에는 색성향미촉법이 없기 때문
이다.
금강경은
정해진 공덕도 없고, 색도 없고, 소리 냄새 맛 감
촉도 없고, 한 법(法)도 없는
그 청정한 마음을 지키라는 수행 방법을 설한 경
이다.

우리 중생은 청정한 본마음을 벗어나
인연 따라 맺은 분별심으로
색에 머물러 보고, 소리에 머물러
자신의 견해대로 해석하여 보기 때문에
부처님의 말씀을 이해하지 못하고
불법이 어렵다고 하는 것이며
특히 금강경은 평생을 들어도 모르겠다고 하는
이유입니다.

금강경은 청정한 마음을 지키라는 방법을 설한
경이다.
금강경을 공부하기 전에는 반드시
사시불공 할 때 삼보통청(三寶通請)의 유치(由致)
내용을 공부하여
부처님의 지견(智見)을 알아야 한다.

앙유(仰惟) 우러러 생각해 보면
삼보대성자(三寶大聖者) 삼보 대성자는
종진정계(從眞淨界) 진실로 청정한 세계를 좇아서

흥대비운(興大悲雲) 대비심을 구름같이 일으키고

비신현신(非身現身) 몸이 아닌 몸을 나타내어
포신운어(布身雲於) 구름 같은 몸을 펴시어
삼천세계(三千世界) 삼천세계에
무법설법(無法說法) 법이 없는 법을 설하시어
쇄법우어(灑法雨於) 법의 비를 뿌리어

팔만진로(八萬塵勞) 팔만 번뇌의 근심을
개종종방편지문(開種種方便之門) 가지가지 방편
의 문을 열어
도망망사계지중(導茫茫沙界之衆) 모래와 같은
아득한 세계의 중생들에게 전한다.

삼보대성자께서는 중생을 고통에서 구제하기 위
하여
1) 청정한 세계를 좇아 대비심을 내고
2) 본래 몸이 없지만, 몸을 나타내고
3) 정해진 법(法)이 없건만 방편의 법을 설하신다,

이 세 가지를 분명하게 알고 금강경을 공부하라
는 것이다.

청정한 마음에는 분별심이 없고, 상(相)도 없고,
정해진 법도 없다.

1. 무엇이 사람이 되었나?

기독교는 하나님이 사람을 창조했다 해서
창조론(創造論)을 주장하고
과학자는 원숭이가 진화하여 인간이 되었다며
진화론(進化論)을 주장하고

불교에서는 무엇이 인간이 되었다 하는가?
불교는 인과응보(因果應報)라 하여
육도윤회(六道輪廻)를 주장한다.

천상의 천신(天神)이 타락하여
인간으로 떨어진 것이다,
즉, 신(神)이 타락하여 인간이 되었다 한다.
그래서 모든 민족은 다 자신들의 조상이
천신(天神)이었다고 주장한다.
그리고 자신들은 천신의 후손이니
천손민족(天孫民族)이라 주장을 하는 것이다.

2. 호흡 수행 방법?

운동 중에 제일은 숨쉬기 운동이다.
호흡과 생각은 불가분의 관계이다.

말을 하면서도 호흡하고 생각한다.
일을 하면서도 호흡하고 생각한다.
잠을 자면서도 호흡하고 생각한다.
의식하지 않아도 호흡하고 생각은 일어난다.

인생의 불행은?
호흡을 잘못하면 건강이 나빠지고
생각을 잘못하면 인생살이가 고달프다.

인생의 행복은?
건강한 몸에서 건강한 생각이 나온다.
불행과 행복은 이 두 가지로 정해진다.

온몸으로 수축하고 팽창하는 숨쉬기 운동 호흡

법이 자연과 같이 수축하고 팽창하는 숨 쉬는 방
법이다.

호흡 수행은
불교 깨달음으로 가는 참 수행 방법이다.
온 우주가 수축하고 팽창하는 호흡을 한다.
우주와 함께 호흡하는 수행 방법을 반드시 익혀
야 막힘이 없어 인생사가 행복해진다.

3. 인간의 마음과 성품은?

1) 천심(天心) : 천성(天性)이라 하고 타고난 성품
  이며 분별의식(分別意識)이다.
  너와 나를 분별하고 선과 악을 분별한다.

2) 불심(佛心) : 불성(佛性)이라 하고 양심의 자리
  동체대비심(同體大非心)이라 분별심이 없다.
  분별하지 않으니 자비무적(慈悲無敵)이라 한다.

3) 인심(人心) : 인성(人性), 인격(人格)이라 한다.
  천성(天性)의 분별의식으로 탐진치(貪瞋痴) 삼독
  심(三毒心)을 먹고, 마음먹는 대로 쌓인다.
  그래서 인격(人格)을 향상하라 한다.

인심(人心)은 천심(天心)이라 하는데
인격(人格)을 잘 향상하여 갖추어야
사후에는 천상에 태어나고, 부처님의 세계에
태어날 수 있는 자격이 되는 것이다.

인간 세상에서 인격(人格)을 향상하지 못하면
다음 생에 아귀 지옥의 세계로 떨어진다.

인간은 이와 같은 두 가지 성품이 있기에
이중적인 성품을 쓰는 것이다.

4. 물질문명이 쇠(衰)하고 정신문명이 도래하리라.

이 세상은 분별심으로 만들어진 세계이다.
너와 나를 분별하고, 좋다 나쁘다 분별하고
선악을 분별하고, 자기중심적으로 분별하여
세상은 점점 멸망의 길로 접어들고 있다.

동식물의 입장에서 보면
인간이 최상의 악마가 된다.

선인선과 악인악과라.
인과응보가 도래한다.
인간 죄악의 과보(果報)가
곧 인간에게 돌아오리라.
지금이라도 자신의 마음을 점검하고
분별의식(分別意識)을 내려놓고
동체대비심(同體大悲心)으로 갈아타라.
세상을 구하는 방법이다.

5. 깨달아야 할 공(空) 사상

공기(空氣)의 상태를 아는가?
마치 창공(蒼空)과 같은 상태이다.
비행기 타고 구름을 뚫고 올라가 보면
창공(蒼空)은 구름과 안개에 물들지 않고 맑고 깨
끗하다.
그래서 구름과 안개에 물들지 않는 창공(蒼空)과
같이
본마음은 번뇌망상에 물들지 않는다고 한다.

공(空)의 상태는?
아뇩다라삼먁삼보리심의 상태이다.
한 법(法)도 없고 상(相)도 없고
색성향미촉법에 머무르지 않기 때문에
법계(法界)의 실상에 물들지 않고
맑고 청정한 의식이며 근본정신이다.

법계는 지수화풍(地水火風)의 원소로 이루어져 있다.

지수화풍(地水火風)의 인연화합으로
색성향미촉법(色聲香味觸法)이 형성된 것이 법계
이니
법계의 실상은 본래 공(空)한 것이다.

그래서 반야심경에
관자재보살이 행심반야바라밀다를 행할 때
오온이 공(空)한 것을 보고 고통에서 벗어났다 하
는 것이다.

색즉시공(色卽是空), 색이 곧 공이고,
공즉시색(空卽是色), 공이 곧 색이라는 말은
색(色)은 지수화풍 인연화합의 형상이나
본래 공(空)의 상태이다.

색에 머무르지 않고, 성향미촉법에도 머무르지
않으니
응무소주 이생기심이라,
그래서 보살은 청정한 마음을 내는 것이다.

6. 마음 수행하려면

마음이 일어나는 순리
십이인연법(十二因緣法)을 깨달아야 한다.

무명(無明)의 상태를 깨달아야 한다.
무명(無明)이란 청정한 의식과 분별의식(分別意識), 업식(業識)이라는 갈애(渴愛)의 욕망으로 이루어져 있다.

1. 무명(無明)의 상태에서 갈애(渴愛)가 작용하여
2. 행(行)이 일어나고 행(行)의 작용으로
3. 식(識)이 분별의식의 작용으로 이름 짓는다.
   (이름 짓지 말라.)
4. 명색(名色), 『나』라는 주체가 형성되고 『나』라는 주체가
5. 육입(六入), 색성향미촉법(色聲香味觸法)을 육입하여 상(想), 상(相)을 이루어
6. 촉(觸), 안이비설신의(眼耳鼻舌身意)의 감촉기

관이 작용하여

7. 수(受), 감각기관의 작용으로 느낌으로 감정이
   형성되고
   이 감정이(수행자는 감정을 짓지 말라)

8. 애(愛), 사랑하는 마음을 먹고 (미워하고)

9. 취(取), 취하여 갖고자 하는 욕망이 업식(業識)
   이 되어

10. 유(有), 업식(業識)이 저장되어 기억 속에 남
    아

11. 생(生), 생각이 일어나고 다음 생에 태어나

12. 노병사(老病死), 늙고 병들고 죽는 원인이 되
    는 것이다.

7. 사념처(四念處) 수행 법

신수심법(身受心法) 수행 목적은
인연화합으로 일어나는 생각을 내 마음이라 착
각하고
지수화풍(地水火風)의 인연화합으로 이루어진 몸
을 『나』라고 착각하는 의식에서 벗어나
본래 청정한 마음을 분명하게 깨닫기 위함이다.

1) 신(身), 몸을 관(觀)할 때
신(身), 몸의 반응이 일어나고 반응에 따라
2) 수(受), 느낌이 일어나고 느낌에 따라
화학작용인 감정이 일어나는 것을 알아차려라.

내 몸은 어떠한 기운이 작용하는지 관하라.
1. 몸을 움직이고 활동하는 것은?
윤활유가 되는 수(水), 물기운인 피(血)와
호흡으로 움직이는 풍(風), 바람의 기운이 합쳐
기혈순환 한다.

2. 몸을 유지하는 원인은?

힘을 보충하는 것으로

토(土), 땅의 소산물을 먹고 육신을 형성하고

햇빛과 불의 기운으로 몸에 열을 내는 화(火), 불 기운을 얻고

수화(水火)의 기운으로 몸을 유지한다.

무엇이 내 몸이 되었나 관하라.

1. 밥상 위에 차려진 밥과 반찬이 내 몸이라 생각하는가?

2. 밖의 공기가 내 몸이라고 생각하는가?

3. 밖의 물이 내 몸이라고 생각하는가?

4. 또 밖의 햇빛이, 열 기운이 내 몸이라 생각하는가?

내 몸이 아닌 것이 인연화합으로 내 몸이 되는 것으로

인연이 다하면 흩어진다는 범소유상, 개시허망을 깨달아야 한다.

3) 심념처(心念處) 수행이란?

심(心)을 마음을 지관(止觀)하여
『나』라는 아상(我相), 분별의식을 알아차려
청정한 마음을 깨닫는 것으로 정의한다.

4) 법(法)을 관조(觀照)하여 보면

몸을 관하여 반응을 느끼고
느낌으로 일어나는 감정을 알아차리고 보면
청정한 마음 근본 자리에서 바라보면
일체(一切)의 법계가 일어나는 것이 바로 인과응
보이다.
즉, 인연화합으로 이루어지는 것이 법계이며
법(法)이란 바로 연기법칙이라 깨달아진다.
우주의 정보, 지수화풍(地水火風)의 네 가지 원소
가 시방세계에 편만(遍滿)하여
인연화합의 법칙으로,
색성향미촉법(色聲香味觸法)으로
법계(法界)가 펼쳐져 있다.

8. 불교는 어렵다, 하는가?

중생의 견해(見解)와
부처님의 견해(見解)는 다르기 때문이다.
중생의 견해는
이 세상의 모든 종교와 철학과 학문은
이분법(二分法)으로, 선악(善惡)으로 분별하고
너와 나로 분별하고, 좋다 싫다 분별하여
자기중심적인, 이기적인 분별의식으로
탐진치(貪瞋痴) 삼독심(三毒心)에 중독되어 있다.

부처님의 견해는
제행무상(諸行無常)
제법무아(諸法無我)
일체개고(一切皆苦)
삼법인(三法印)을 깨달아
열반적정(涅槃寂靜)을 증득(證得)하여
무분별지(無分別智) 청정한 의식 정견(正見)으로
본다.

부처님이 세상에 출현한 이유
중생에게 부처님의 지견(智見)을 열어
청정함을 얻게 함이며
중생에게 부처님의 지견(智見)을 깨닫게 하여
부처님의 지견(智見), 도(道)에 들게 하시려고 출
현하셨다.
이것을 '부처님의 일대사인연(一大事因緣)으로
세상에 출현함이니라.' 하셨다.

9. 팔정도 수행

1. 정견(正見) : 자신의 견해로 보지 말고, 생긴 그대로 보라.
   분별의식(分別意識)으로 색안경 끼고 보지 말라.

2. 정사유(正思惟) : 일어난 생각을 알아차리고 나의 견해로 의미를 부여하지 말라. 바르게 사유하라.

3. 정어(正語) : (망어, 기어, 양설, 악구 하지 말고) 거짓말하지 말라.
   정직하게 말하라.

4. 정업(正業) : (살생, 투도, 사음하지 말고) 바른 마음 먹고 바른 행위 하라.

5. 정명(正命) : '내가 또 번뇌망상(煩惱妄想)에 빠져있구나'하고 인연(因緣)으로 일어나는 생각을 알아차리는 청정한 의식
   마음의 근본 자리를 정명(正命)이라 한다.

6. 정정진(正精進) : 청정한 의식으로 깨어있어

정명(正命)이 혼탁하지 않게
정정진(正精進)하라.
정명(正命)을 지키는 것이 계율(戒律)을 지키는
것이다.
7. 정념(正念) : 정명(正命), 청정한 의식을 지키면
일체(一切)의 번뇌망상(煩惱妄想)을 멸하여
청정한 의식으로 정진하여 무념처(無念處)에
도달하게 된다.
8. 정정(正定) : 청정한 의식으로 일념(一念)이 되어
해탈 열반의 세계로 몰입되어 선정 삼매에 들
어간다.

10. 참 수행이란?

『나』와의 싸움에서 『나』를 이기는 것이다.

실상은 내가 『나』 자신을 모른다는 것이다.
평생을 『나』라고 생각하고
애지중지(愛之重之)하며 자존심을 내세우고
『나』라고 착각하여 살아왔는데
깨닫고 보니 어이없고 허망하다.

"왜"
『나』라고 생각했던 것이
『나』의 적이라는 실상을 아는가?
『나』는 무엇이고 적은 누구인가?
내가 『나』를 죽이는 것을 귀신(鬼神)도 모른다.

아상(我相) 인상(人相) 중생상(衆生想) 수자상(壽者
相)을 멸(滅)하라.
부처님께 귀의하여

『나』라는 아상(我相)을, 자존심을 멸(滅)해야 참
수행이다.

세상의 착각, 잘못 알고 있는 진실은?
본래의 선악(善惡)은 없다.
분별의식으로 선악이 생겨났다.

나는 선(善)하다고 생각하고 선신(善神)이라 생각
한 것이
상대 입장에서는 악(惡)이 되고 악신(惡神)이 된
다.
나는 악(惡)이라고 생각하고 악신(惡神)이라 생각
한 것이
상대 입장에서는 선(善)이 되고 선신(善臣)이 되는
이치를…

11. 불교 사상

일체중생(一切衆生) 실유불성(悉有佛性)이라.
누구든지 부처님처럼 여겨라.
이는 법화경에 상불경보살(常不輕菩薩)님의
수행 방법이다.

상대의 잘못을 지적하지 말고 고치려 하지 말고
상대의 잘못을 나의 잘못으로 여겨라.

상대의 사정을 나의 사정으로 여겨라.
상대의 잘못이 거울에 비추어진 나의 모습이라.

누구든지 부처님처럼 여기면 장애가 없나니
일체유심조(一切唯心造)를 깨달아
누구든지 내 몸처럼 여기는 마음이
자비무적(慈悲無敵)이요,
동체대비심(同體大悲心)의 마음을 회복하는 것이
다.

대인(大人)이라야 대도(大道)를 성취하고
소인(小人)은 그 도(道)에 걸려 넘어지느니라.
누구든지 부처님처럼 여겨라.
동체대비(同體大悲)의 마음이
누구든지 내 몸처럼 여기는 마음이다.

12. 부처님이 설법하신 이유

중생의 마음 병을 치료하기 위함.

탐진치(貪瞋痴) 삼독심(三毒心)으로 병들어 있는
중생의 마음 병을 치료하기 위해서,
부처님께서는 마음 법을 설하셨다.

어느 날 바라문 수행자가 부처님을 찾아와

사문 싯타르타여, 당신의 능력이면
저 산들을 금덩어리로 만들어
가난한 중생들을 다 구제할 수 있건만
어찌 그리하지 않습니까? 하고 묻고

또 저 들판의 풀들을 약초로 만들어
병든 중생들을 다 병고의 고통에서 구제할 수 있
건만
어찌 그리하지 않습니까? 하고 물으니

그때 부처님께서 말씀하시기를
바라문 수행자여!
나의 능력으로는 그리할 수 있으나
내가 이 법을 설하는 뜻은 중생들의 마음 병을
고치려 마음 법을 설하는 것입니다.
중생은 탐진치(貪瞋痴) 삼독심(三毒心)으로
마음의 병이 든 것입니다.

이 병든 마음에는
수미산만 한 금덩어리를 주어도
처음에만 만족하다 조금 있으면
다른 사람과 비교하여 더 많은 금덩어리를 달라
고 할 것입니다.
중생은 아무리 많은 금덩어리를 주어도
만족하지 못하는 욕심의 병에 걸려있기 때문입
니다.
또한 저 들판의 풀들을 약초로 만들어
병을 치료해 주어도 조금 지나면
욕심과 욕망의 마음으로 다시 병에 걸리고

한없는 욕심으로 병을 벗어나지 못할 것입니다.

그 병의 근원인 마음 병을 치료하려
마음 법을 설하는 것입니다. 하니
바라문 수행자는
그때야 크게 깨달아 부처님께 삼배를 올리고 물
러갔다.

우리의 불자님들은 탐진치(貪瞋癡) 삼독심(三毒心)
에서 벗어나는 방법과
마음의 병고(病苦)에서 벗어나는
참 수행 방법을 알고 있는지 자문해 봅니다.

13. 초전법륜

고집멸도(苦集滅道) 사성제(四聖諦) 수행법이
불교 수행의 진수이다.

청정한 마음으로 팔정도를 수행하여
생노병사(生老病死)의 고통에서 벗어나라 설하셨
다.
고집멸도(苦集滅道) 사성제(四聖諦) 수행으로
삼법인(三法印)을 깨닫는 것이 골자이다.

고집멸도(苦集滅道)의 뜻을 풀어보면?

1. 고(苦)
부처님께서는 인생사(人生死)가 일체개고(一切皆
苦)라.
인생사의 인연(因緣)으로 맺혀진 4가지 괴로움을
설하셨다.

1) 애별리고(愛別離苦), 사랑하는 사람과 헤어지는 괴로움.

2) 원증회고(怨憎會苦), 미워하는 사람과 함께하는 괴로움.

3) 구부득고(求不得苦), 구하여도 얻지 못하는 괴로움.

4) 오음성고(五陰盛苦), 색(色) 수(受) 상(想) 행(行) 식(識)의 오온(五蘊)이 탐욕의 마음으로 생기는 괴로움.

인생사의 인연으로 맺혀진 4가지 괴로움이 생로병사(生老病死)의 원인이 된다는 것이다.

⑴ 생고(生苦), 태어나는 괴로움.

⑵ 노고(老苦), 늙어가는 괴로움.

⑶ 병고(病苦), 병으로 겪는 괴로움.

⑷ 사고(死苦), 죽음의 괴로움.

2, 집(集)

인생살이에 괴로운 고통(苦痛)의 병증

고통의 원인이 되는 집착의 네 가지 아집(我執)이

있다.

아상(我相) 인상(人相) 중생상(衆生相) 수자상(壽者相)

1) 아상(我相) : 『나』라는 자존심

　(인상 중생상 수자상이 다 합쳐진 것이 아상이다.)

2) 인상(人相) : 배워서 아는 지식 상식 고정관념

의 알음알이 (자신이 아는 경우에서 벗어나지 않으

려는 마음이다.)

3) 중생상(衆生想) : 내 것이다. 하는 소유욕의 착

각 (돌고 돌아, 빈손으로 왔다 빈손으로 돌아가나니)

4) 수자상(壽者相) : 나는 영원할 것이라는 착각으

로 (인간의 욕망과 아집(我執)으로 세상은 병들어가

고 있으니 제행무상 생자필멸을 깨달아야 한다.)

집(集), 사상(思想)에서 벗어나는 방법은?
아상(我相) 인상(人相) 중생상(衆生相) 수자상(壽者
相)을
『나』라고 착각하는 것이니

제법무아(諸法無我)와 무소유(無所有)를 깨달아
내 것이라 할 것이 없나니, 내려놓아라.
아상(我相) 인상(人相) 중생상(衆生想) 수자상(壽者
相)을 멸(滅)하여
제법무아(諸法無我)를 깨달아야 한다.

3. 멸(滅)

십이인연법(十二因緣法)을 공부하라.
(무명(無明)의 상태를 깨달아야)
욕망에 물들어 있는 마음의 병(病)이 치유된다.
무명(無明)의 상태를 깨달아 갈애(渴愛)를 멸(滅)하
면
무명(無明)에서 벗어나 지혜 광명이 드러나리라.

무명(無明)이 멸(滅)하면 행(行)이 멸(滅)하고
행(行)이 멸(滅)하면 식(識)이 멸(滅)하고
식(識)이 멸(滅)하면 명색(名色)이 멸(滅)하고
명색(名色)이 멸(滅)하면 육입(六入)이 멸(滅)하고
육입(六入)이 멸(滅)하면 촉(觸)이 멸(滅)하고
촉(觸)이 멸(滅)하면 수(受)가 멸(滅)하고
수(受)가 멸(滅)하면 애(愛)가 멸(滅)하고
애(愛)가 멸(滅)하면 취(取)가 멸(滅)하고
취(取)가 멸(滅)하면 유(有)가 멸(滅)하고
유(有)가 멸(滅)하면 생(生)이 멸(滅)하고
생(生)이 멸(滅)하면 사(死)가 멸(滅)하고
사(死)가 멸(滅)하면 노사(老死)가 없는 것이니라.

십이인연법(十二因緣法)을 사유하여
무명(無明)의 상태를 깨달아 갈애(渴愛)를 확인하
고
행(行), 진동하는 파장을 감지하여
식(識)이 일어날 때 청정한 의식으로 알아차려
명색(名色), 『나』다 하는 이름 짓지 말라.

이 명색(名色)이 『나』라는 분별의식이므로
『나』라는 아상(我相)이 아집(我執)의 보고가 되는
것이다.

4. 도(道)

영원한 행복으로 가는 길이요,
깨달음의 경계로 들어가는 일상생활 비법이다.
도제(道諦)는 행복으로 가기 위하여 배운다.
도제(道諦)는 고통에서 벗어나기 위해서 배운다.
밝은 지혜로 들어가는 생활 습관과
훈습(薰習) 하는 방법이
팔정도(八正道) 수행법이다.

도품(道品)이란?
불교의 지고한 깨달음을 얻기 위한 목적으로
일상생활 속에서 지혜를 획득하고
일체 고통에서 벗어나 해탈 열반으로 들어가는
문이다.
자신의 인생을 행복으로 가려는 사람은

반드시 팔정도 수행하라.

도(道), 열반적정(涅槃寂靜)
무명(無明)의 상태를 깨달아 갈애(渴愛)를 멸(滅)하
여
바로 공심(空心)으로 부처님께서 설하신
중도를 깨달아지리니
(이 공심(空心) 중도(中道)에 들어가는 것이
도(道)에 입문하는 것입니다.)
불자들은 일상생활에서 공성(空性), 중도의 자리
에서
팔정도 수행을 이행하는 것입니다.

2. 봉정암 가는 길이 기도수행 길이라네!

저녁 공양은 많이 드셨나요?
"예."

우리 봉정암 미역국이 세상에서 제일 맛있다고
소문이 자자하던데 정말 그런가요?
"예."
웃음 한바탕

봉정암 미역국이 세상에서 가장 맛있는 이유가
뭐래요?
하나뿐인 오이지 반찬이 너무 맛있어서!
아니 시장이 반찬이라 맛있다고요.
"예."
그렇지요. 각자의 집에서 봉정암까지 오는 길이
천리 길이요,

저 깔딱 고개 넘어오면 목까지 숨이 차고
너무나 배고파 힘이 하나도 없다고요!
"예."

그렇지요?
시장이 반찬이라 하나뿐인 오이지 반찬이지만
미역국에 한 그릇 후루룩 먹고 나면
세상에서 가장 맛있는 미역국이라
자랑할 만합니다.

또 미역국은 피로를 풀어주는 약성도 있고
열기로 인해 피로해진 피를 맑혀주는
역할까지 하니
자연히 미역국이 최상의 맛, 아니 천상의 맛이래
요.

저녁 공양도 맛있게 드셨으니
봉정암에 오시면 밤새도록
철야 기도해야 하는 거 알지요?

철야기도 너무 힘들어서 못 한다고요?
얼래!
그럼『왜』, 뭘 하러 봉정암까지 오셨대요?

"봉정암 올라오면
한가지 소원은 꼭 들어주신다고 해서 왔는데요.
그리고 올라오는 길이 너무 힘들어
부처님께서 올라오기만 해도
기도 성취가 된다고 해서 올라왔어요."

오! 정말 그래요.
봉정암에 오는 길이 기도수행 길이라.
부처님의 원력과 일체만 되면
일체의 소원이 다 이루어진다는 것입니다.

길은 비단길이나
숨이 목까지 차올라 헐떡거리는 길이고
속세의 쌓인 감정 다 녹여 내려지는 길이고
분별의식 내려놓아 자연과 하나 되는 길이고

오르내리는 사람들과 교감하며 소통하는 길이고
상대 입장을 헤아려 배려하고 힘과 용기를
주는 길이고
너나를 분별하지 않고 하나 되어
봉정암 올라오는 길이고
봉정암에서는 서로 자리를 양보하고
서로 기도 성취하시라고 축복해 주는
기도 도량이 봉정암입니다. 맞지요?
"예."

속세에서 좋은 인연 나쁜 인연으로
속상하던 생각도
물은 흘러가고 바람은 스쳐 가듯이
집착의 마음을 놓아서
물과 같이 흘러가고 바람같이 스쳐 가도록
바른 생각 좋은 생각으로 바꾸어가며
올라왔나요?

봉정암 부처님을 만나서 오늘은

그동안 기도한 원력을 꼭 들어 주시라고 발원하며
부처님을 일념(一念)으로
염불하며 올라오셨나요?

봉정암 오는 길은 부처님 마음과 통하여
부처님 원력과 일체가 되도록
봉정암 오는 길에 자신 생각을 정리하고
자신 생각을 사유하여 부처님께 지혜를 구하고
청정한 의식으로 염불하며 올라와야
부처님 가피력으로 소원성취가 되는 것입니다.

백담사를 지나 굽이굽이 계곡을 돌고 돌아
물소리 바람 소리 음률 따라 염불하며
능선의 기암괴석을 불보살님의 세계를
펼쳐놓았으니
좌우로 늘어선 계곡의 바위는
호법 신중들이 옹호하고
호법 신중들과 벗이 되어 천상 세계 구경하고 오
셨나요?

“예 너무 좋아요.”

옹호 신중들의 안내로 천상 세계 구경하고
부처님 만나는 일념으로
능선을 오르내리다 보면
어느새 천근만근이 떨어진다는 깔딱 고개를
만나지요?

이 깔딱 고개만 올라오면
인생의 힘들었던 생각과
마음에 맺힌 원한이 다 눈 녹듯이 녹아내리고
여기가 천상이구나 여기가 극락이구나!!
감탄사가 절로 나오는 봉정암이 눈 앞에 펼쳐지
지요.
“예.”

누구나가 일평생에 한 번은 꼭
봉정암 부처님을 친견해야 한다는 봉정암은요?

예전에는 한가지 소원은 꼭 들어주신다 하셨는데,
오늘은 부처님 원력과 일체로 소통되면
천 가지, 만 가지, 소원도 다 들어주신다 하셨으니
일심으로 기도하세요.
설악산 봉정암은요.
가을이면 단풍이 각 바위에 녹아내려
오색찬란한 천연의 물색으로 물들어
천상의 세계가 시기할 정도로 너무 멋있는
사찰이래요.
엄동설한 긴긴 겨울에는 흰 눈으로 집을 짓고요.
병풍처럼 펼쳐지는 기암괴석이 옹호 신장이 되어
기도하는 불자와 수행자를 옹호하고요.
기도자와 수행자가 일념으로 기도 정진할 수 있는
천상의 기도 도량이 봉정암이래요.

모든 이들이 일념으로 기도만 하면
모든 이의 소원이 다 성취된다는 봉정암은요?
설악산 바위 전체가 사리탑의 기단이 되어
부처님의 진신사리가 봉안된 천년고찰

봉정암이라네요. 맞나요?
"예."

너무도 힘들게 오는 봉정암이지만
고진감래 이고득락이라.
고생 끝에 즐거움이 오는 것 알지요!

봉정암에 오는 것만으로도 기도 성취가
된다는 것은 바로 깔딱 고개 덕분이래요.

백담사에서 봉정암까지 5-6 시간 올라오는데
바로 마지막이 깔딱 고개래요.
여기에 오면 온몸에 힘이 다 빠진 상태가
됩니다.

무상무념(無想無念)의 상태가 깨달아지면
여기서 내려놓는 법과
몸에 힘을 빼는 법과
호흡 수행법이 깨달아집니다.

우리가 큰 산을 등반하거나
봉정암에 올라오다 보면
이때 온몸으로 깊은 호흡하는 법을 배웁니다.
온몸으로 깊은 호흡하고 몸의 힘을 빼야 합니다.

그래야 몸의 굳어있는 근육들이 풀어지고
오장육부의 장부에서 독소가 빠져나와
몸과 마음이 평온하여 환희심으로
가득하여집니다.

몸과 마음이 평온하여 환희심으로 가득하면
『나』라고 내세우던
『나』라는 아상의 힘이 빠집니다.
나라는 아상의 힘이 빠져야 분별의식에서 벗어
나고 청정한 의식이 드러나 주인이 됩니다.

이렇게 청정한 의식이 주인이 되어
한 생각으로 일념하고 몰입하면
반드시 기도 성취되는 것을 아시나요?

그래서 봉정암에 오는 길이
기도 성취가 되는 길이라 합니다.
바로 정념(正念) 한 생각으로
봉정암 부처님을 만난다는 일념으로
부처님만 생각하고 일념으로 염불하면
정신일도하사불성(精神一到何事不成)이 되어
부처님의 마음과 일치되며 주파수가 맞아
부처님의 원력과 일체가 되기 때문에
바로 원하는 원력이 성취되는 길입니다.

배낭에는 부처님께 정성으로 올릴 공양물을
이고 지고
천근만근의 인생의 무게까지 지고
깔딱 고개를 넘어오니 너무나 힘이 들어
자연히 내려놓는 법을 배우게 됩니다.
육신은 지쳐 다리는 풀리고 힘이 빠지고 나니
인생의 마음의 무게 천근만근이 내려놔지는 것
입니다.
이 빈자리에 대자연의 기운이 온몸으로 가득 차

하나 되어 마음은 환희심으로 부처님과 일심이
되는 것입니다.
부처님을 향한 정성이
일념으로 염불하는 마음으로
힘들었던 고행의 길이
인생의 무게 천근만근을 내려놓는 수행이 되어
자연히 기도가 다 된다 하는 것입니다.

봉정암 오는 길이 너무 힘들어
산야를 구경할 겨를이 없었나요?
일심(一心)으로 염불하여
헛된 생각 욕망이 사라졌나요.

이같이 힘들고 참을 수 없는 고통이 닥쳐와도
부처님을 친견하겠다는 염원을 담아 열불하면
참을 수 없는 단계에서
저절로 참을 것이 없는 단계로 넘어가집니다.

참을 수 없는 단계에서

육신의 고통을 조복(調伏) 받아
일심으로 몰입이 되어 원력이 성취되는 것입니다.
그럼 문제 하나 드리겠습니다,
이 문제를 맞히면
부처님께서 소원 한 가지 들어 주신다고 합니다.
…웃음 한바탕

지금 배낭에 짊어진 짐이 몇 근이나 되나요?
20근 30근 정도 되나요?
겨우 그 정도인 무게를 가지고 힘들다고 하지요.

우리가 사바세계에 살면서 욕심의 인연으로
차곡차곡 쌓았던 마음이 몇 근이래요?

"예 천근만근입니다."

어떻게 알았데요?
20-30 근 배낭도 무거운데
무려 천근만근이나 되는 짐을 짊어지고

이 깔딱 고개 넘어오려니 얼마나 무거울까요?
자연히 내려놓고 넘어야 봉정암에 올라올 수 있
지요.

저 깔딱 고개를 넘어가면
그때 인생사에 욕심으로 쌓인
천근 짜리 마음이 툭 하고 떨어져요.
그러면 다 왔다. 생각하고 안심했더니
웬걸!

다음 작은 고개 하나가 더 있지요.
"예."
그 고개가 만근 짜리 고개입니다.
그 고개가 더 힘들어요.
그 고개 넘어오면 만근이 떨어져 나가는데

이 고개에서는 『나』라는 아상(我相)
나의 견해가 떨어져야 무아경지(無我境地)에서
봉정암에 올라오게 되는 것입니다.

그때 나라는 견해가 떨어져 무아경지에 도달해
야 하는데
잘못하면 다리에서 쥐가 나오지요?
"예."

잘못하여 쥐가 나는 사람들을 위해서
그곳에 고양이 한 마리 초청해야 하는데.
다리에 쥐 나면 고양이가 직방이래요.
웃음 한바탕 ..

그때부터 봉정암에서 목탁 소리가 들리기 시작
합니다.
천근만근 짜리 다 내려놓고 깔딱 고개 넘어오면
피안의 언덕을 넘어 천상 세계 극락세계
봉정암이 나옵니다.
그렇지요?
봉정암 법당에 올라가 짐을 내려놓으면
부처님께 공양 올리고 부처님께 고하고 나면
몸과 마음이 가벼워지지요.

"예."

짐을 내려놨으니 바로 여기가 극락이구나,
천상이구나, 환호성이 나오지요?

이때 봉정암 부처님께서
각자의 욕심으로 지은 천근만근 마음의 무게
인생 고락의 멍에를 나에게 다 내려놓으면
너희 마음이 쉼을 얻으리라 하십니다.

또 봉정암까지 올라온
불자들을 다 내게로 오라,
오느라고 수고하고 힘쓴 자들아
내가 너희를 쉬게 하리라 하셨는데,
들으셨나요?
못 들었다고요.
마음을 쉬어야 부처님 마음과 일심이 되는데
아직 무아의 경지가 아닌가 봐요?

봉정암에 올라올 때 무거운 짐을 지고
올라와서 법당에 짐을 내려놓듯이

그와 같이 천근만근 마음에 멍에를 메고 와서
부처님의 마음 바다에 던져놓고
이제는 부처님 마음대로 하세요 하고
부처님께 내맡기고 던져 버려야 합니다.
이것이 진짜 부처님께 귀의하는 것입니다.

그래야 『나』라는 아상(我相),
내가 없어 부처님의 것이 되어
부처님의 마음으로 가득 채워지는 것입니다.

영화 '달마야 놀자'에서 보면
깨진 독에 물 채우는 장면이 나옵니다.
어떻게 했나요?
깨진 독을 물에 던져 버리지요
그럼 물이 자동 채워지는 것처럼...

내가 일을 다 성취하려 근심 걱정하지 말고
부처님께 나를 던져 버리세요.
깨진 독에 물 채우듯 부처님의 마음 바다에
던져 버리면
부처님의 원력으로 자동 채워집니다.
집에서 준비하여 배낭에 지고 올라온 공양물을
부처님 전에 내려놓듯이
나의 마음도 부처님의 마음 바다에 던져 내려놓
으세요.

내가 하고자 하는 소원도 부처님의 원력을
이루는 원력으로 써주시고
오늘 이 기도 공덕을 부처님 전에 회향합니다 하
고
기도 회향하는 것입니다.
마음의 멍에를 다 내려놓게 되나니
마음은 온유하고 평온하여 환희심으로
행복한가요?

봉정암 올라오는 길이 팔정도 수행의 길이라.
욕심의 마음에 의해 천근만근 죄업의 짐을
내려놓는 방법을 깨우쳤으니
마음의 종이나 죄의 종으로 살지 말고
대자연과 하나 되어 마음의 주인으로 살아야 합
니다.

봉정암 올라오는 길이 기도수행 길이라.
청정한 의식으로 돌아가는 수행 방법을 깨닫는
길이요.

숨이 목까지 차 헐떡거려도
내 몸에서 독소는 빠져나가고
호흡은 깊고 깊이 온몸으로 하여진다.
대자연의 싱그러운 기운이 온몸에 채워지나니
바로 호흡 수행 방법을 깨닫게 하는 길이요,

참을 수 없는 단계에서도 희망을 안고 올라가면
자연 저절로 참아지는 단계로

넘어가는 방법을 깨닫는 길이요.

인생의 무게만큼 느껴지는 천근만근의 짐의
마음을 내려놓는 방법을 깨닫는 길이요.

일념으로 염불하여 부처님의 마음과 일체가
되어 부처님의 원력 속에 우리의 소원이
다 들어 있다는 것을 깨달아
소원성취가 이루어지는 방법을 깨닫는 길이요.

일체 생각을 부처님의 마음으로
일념(一念) 하였기에 내 몸과 마음과 생명까지도
부처님의 마음 바다에 내 던져
부처님께 다 맡긴 바 되면 불심으로 하나 되어
동체대비심(同體大悲心)을 깨닫는 길입니다.

봉정암에 오시는 길이
일체가 다 내려놓아지는 것입니다.

어때요? 마음은 상쾌하고 몸은 가벼워졌나요?
봉정암 올라오면서 이와 같은 방법을 배우고
깨우쳐야 할 것이며
생각을 좋은 생각으로 전환하는 법을 배우고
깨우쳐야 합니다.

어떠한 일을 성취하려 할 때도 힘든 고비가 있습
니다.
수행할 때도 언제나 마지막 고비가
힘든 것이요,
봉정암 오는 길에
숨이 목까지 차 깔딱깔딱 숨이 넘어가듯이
힘든 고비가 닥쳐오면
오직 한 마음 일심(一心)으로
부처님을 만나겠다는 일념(一念) 하나로
희망을 걸고 마지막 온 힘을 다하여
고양이가 쥐 잡듯이 집중하면
모든 일이 성사되는 것입니다.

그럼 오늘도 부처님 마음 바다에
내 마음을 내려놓고
부처님과 일심이 되도록 기도하여
소원성취하시길 발원합니다.

3. 불교의 세계관

불설장아함경 제18권 | 경전/장아함경

후진(後秦) 불타야사(佛陀耶舍) · 축불념(竺佛念) 한역

[제4분]

30. 세기경(世紀經)

1) 염부제주품(閻浮提洲品)

이와 같이 나는 들었다.
어느 때 부처님께서 사위국 기수급고독원의
구리굴(俱利窟)에서 큰 비구 대중 1,250명과
함께 계셨다.

그때 많은 비구들이 식사를 마친 뒤 강당에 모여
서로 이야기했다.
부처님께서 비구들에게 말씀하셨다.
"그대들은 무슨 이야기를 하고 있었는가?"

비구들이 부처님께 여쭈었다.
"저희들은 식사 후에 강당에 모여서 이런 이야기
를 했습니다.
'여러분, 이 일은 지금까지 없었던 일입니다.
지금 이 하늘과 땅은 무슨 이유로 무너지고
무슨 이유로 이루어지며,
중생이 사는 국토는 어떤 것일까요?'"

부처님께서 비구들에게 말씀하셨다.
"훌륭하고 훌륭하다.
무릇 집을 나온 사람은 두 가지 법(法)을 행해야
한다.

첫째는 현성(賢聖)들처럼 침묵하는 것이며,
둘째는 법을 강론하는 것이다.
너희들은 강당에 모여 있으면서 또한 이와 같이
현성들처럼 침묵을 지키든지
법을 강론해야 한다.

모든 비구들아,
너희들은 여래가 천지의 이루어짐과 무너짐,
그리고 중생들이 사는 국토에 대해서
말하는 것을 듣고자 하느냐?"

모든 비구들이 부처님께 여쭈었다.
"그렇습니다. 세존이시여, 지금이 바로 그때입니
다. 듣기를 원합니다.
세존께서 말씀해 주시면 마땅히 받들어
지니겠습니다."

부처님께서 말씀하셨다.
"비구들아,
자세히 듣고 자세히 들어 잘 기억하라.
마땅히 너희들을 위하여 설명하겠다."
부처님께서 모든 비구들에게 말씀하셨다.

소천세계(小千世界)
"하나의 해와 달이 4천하(天下)를 두루 돌면서

광명을 비추고 있는 것과 같은
그런 세계가 천(千) 개나 있다.

이 천 개의 세계는 천 개의 해와 달이 있고
천 개의 수미산왕(須彌山王 : 수미산이 가장 높은
산이라는 의미에서 王 자를 붙였음)과

4천 개의 천하(天下)와
4천 개의 대천하(大天下)가 있고
4천 개의 바닷물과 4천 개의 큰 바다가 있으며
4천 마리의 용과 4천 마리의 큰 용이 있으며
4천 마리의 금시조(金翅鳥)와
4천 마리의 큰 금시조가 있고
4천 개의 악도(惡道)와
4천 개의 큰 악도가 있으며
4천의 왕과 4천의 대왕이 있고
7천 그루의 큰 나무
8천 개의 큰 지옥, 1만 개의 큰 산
천 명의 염라왕(閻羅王), 천 명의 사천왕(四天王)

천 개의 도리천(忉利天)

천 개의 염마천(焰摩天)

천 개의 도솔천(兜率天)

천 개의 화자재천(化自在天)

천 개의 타화자재천(他化自在天)

천 개의 범천(梵天)이 있다.

이것을 소천세계(小千世界)라고 한다.

하나의 소천세계와 같은 그러한 세계가 천 개 있

으면

이것을 중천세계(中千世界)라 하고

하나의 중천세계와 같은 그러한 세계가 천 개 있

으면

이것을 삼천대천세계(三千大千世界)라고 한다.

이와 같은 세계가 겹겹으로 둘려 있는데

생겼다 무너졌다 한다.

욕계(欲界) 천당(天堂)에 가는 것은

선정의 힘이 아니라도

부처님을 믿고 계율만 지키면 갑니다.

욕계(欲界) 6천

4천왕천(四天王天)　도리천(忉利天)

야마천(夜摩天)　도솔천(兜率天)

화락천(化樂天)　타화자재천(他化自在天)

색계(色界) 18천

선정의 깊이에 의해서 가는

욕계의 6도를 1무더기로 보았다면

색계 18천을 선정의 깊이에 따라 4가지로 나눕

니다.

초선(初禪)에는

① 범중천(梵衆天)　② 범보천(梵輔天)

③ 대범천(大梵天)

이선(二禪)에는

④소광천(少光天)　⑤무량광천(無量光天)

⑥광음천(光音天)

삼선(三禪)에는

⑦소정천(少淨天)　　⑧무량정천(無量淨天)

⑨변정천(遍淨天)

사선(四禪)에는

⑩무운천(無雲天)　　⑪복생천(福生天)

⑫광과천(廣果天)　　⑬유정천(有頂天)

⑭무번천(無煩天)　　⑮무열천(無熱天)

⑯선현천(善現天)　　⑰선견천(善見天)

⑱색구경천(色究竟天)

인도에서 브라흐마를 하느님이라 부르고,

한문으로는 범천(梵天)이라고 하며

한글로는 하느님이라 부릅니다.

색계 18 천은 모두 신(神)계인 범천계(梵天界)입니다.

색계(色界) 18 천

그곳은 식욕과 음욕 등 모든 욕심을 떠나있으며

물질에 대한 욕심을 떠나

마음먹는 대로 이루어지는 세계이다.

남녀의 구별이 없으며(음욕을 이겨야 한다)
음식도 필요 없고 분노도 없다.
그에 따라 배설된 분뇨도 있을 리 만무하다.
바로 욕심이 없는 형상의 세계인 것이다.

여기서 사는 생명(生命)들은 어디에도
기울어지지 않는 평정심으로
마음이 통일되어 있기는 하지만,
아직 형상(形像)의 속박으로부터는
벗어나지 못한 상태이다.
그러한 욕심을 떠나 마음에 평정(平靜)이
가득 넘치는 단계를 선정(禪定)과 연관시켜 본다.
여기에서는 네 가지 선(禪)이 전개된다.

1〉 초선初禪의 단계에서(3개의 하늘)

① 범중천(梵衆天) ② 범보천(梵輔天)
③ 대범천(大梵天)

6욕계(欲界)를 자각하고
욕계에서 벗어나기 위해 선정에 들어
분별의식을 벗어나 청정한 의식으로 들어간다.

그 결과 마음에 즐거움과 기쁨이 생기는데,
그만 여기서는 그 기쁨과 즐거움에 묶이고 만다.

네 가지 선정(禪定)을 부처님께서 말씀하셨다.

만일 비구가
이미 모든 욕심(欲心)과 좋지 못한 법(法)을 여의
고
심사(尋伺). 생각하는 것을 찾아 알아차리면
첫 번째 이생희락정(離生喜樂定)이라.
기쁨과 즐거움이 일어나는 것을 떠나리라.

만일 비구가
마음이 깨끗하며 한곳에 마음을 집중하여
심(尋)과 사(伺)가 없으면 이것을

두 번째 정생희락정(定生喜樂定)이라 하며,
기쁨과 즐거움이 자리 잡는다.

만일 비구가
기쁨을 탐하지 아니하고 보시행을 좋아하며
몸이 경쾌하고 묘한 즐거움을 얻으면
세 번째 이희묘락정(離喜妙樂定)이라 하고,
기쁨은 떠나고 묘한 즐거움이 정하여진다.

만일 비구가
기쁘다는 생각을 끊고 즐겁다는 생각도 없으며,
네 번째 사념청정정(捨念清淨定)이라고 한다.
생각을 버리고 청정한 의식으로 정하여진다.

이와 같은 것을 네 가지 선정이라 한다.

[대집법문경(大集法門經)]

초선

신(神) 중에 최고의 신(神)인
범천梵天 브라만(Brahma)이 초선에 머문다.

상세히 말하자면 여기서는 밑에서부터
차례대로 세 개의 하늘이 펼쳐지는데
범중천梵衆天 범보천梵輔天 대범천大梵天이
그것이다.

대범천이란? 바로 브라만을 말하며
범중천은 대범천이 다스리는 백성들
범보천은 그를 옆에서 보필하는 신하나 식구들을
의미한다.

그렇다면 색계에 들어서더라도 초선의 단계에서
는 힌두 신화가 엿보인다.
범천은 힌두교의 최고신으로도 군림하기 때문이
다.
그러나 그러한 범천도

불교의 선禪 속으로 들어왔으므로
신(神) 그 자체를 보여주기보다는
오히려 신(神)이 상징하는(이욕離欲과 정행淨行을)
욕심을 떠난 청정한 행을
표현하는 것으로 보아야 한다.
북파 불교의 학승들은 인도 신화에서 중요한
범천의 자리를 그렇게 확보했다.

제2선은 (3개의 하늘)

제1선에서 맛본 기쁨과 즐거움에서 떠나기 위해
서 선정하는 단계이다.

여기서는 마음이 고요한 삼매(三昧)에 들어
대상을 헤아리거나 분석하지 않는다.
(상대를 의식하지 않는 단계)
그러나 이 단계에서는
그러한 삼매에서 얻어지는 기쁨에 얽매이게 된
다고 한다.
아직도 기쁨과 즐거움이 있는 것이다.

여기서는 밑에서부터 순서대로
소광천(少光天), 무량광천(無量光天), 극락광천(極樂
光天)이 전개된다.
바로 빛으로 상징되는 덕(德)으로 충만한 세상이
다.

〈화엄경華嚴經〉에서는
이곳에 광음천자(光音天子)가 머물며
희광적정(喜光寂靜)의 법문에 안주한다고 말한다.

제3선에서는 (3개의 하늘)

삼매의 기쁨에도 구속되지 않고
마음이 평범한 무관심의 상태에 이른 것을 말한
다.
마음의 평정을 유지하는 상태라고 말할 수 있다.
기쁨도 없고 즐거움도 없다.
그러나 여기서도 참된 기쁨인 묘락(妙樂)은 있다.

진리 그 자체와 하나가 되었을 때의 기쁨으로

전혀 호들갑을 떨지 않는 적정한 상태에서의
흡족함일 것이다.

여기서도 밑에서부터
소정천(少淨天), 무량정천(無量淨天), 변정천(遍淨天)
세 개의 하늘이 층층이 전개되는데,
〈화엄경華嚴經〉에서는 이곳의 주인을 변정천이
라 부른다.

제4선은 (8개의 하늘)

모든 감각과 분별에서 벗어나 청정한 상태로,
기쁨과 즐거움을 초월한 마음이
명경지수(明鏡止水)같이 된 경지를
말하는 것이다.
여기서도 여덟 개의 하늘이
그야말로 높푸르고 선명하게 미세한 차이를
간직하면서 솟아올라 있다.

〈화엄경〉에서는

과실천자(果實天子)와 정거천(淨居天)이
이곳의 우두머리가 되어 머문다고 한다.
그러나 아직 형상에 대한 속박이 끈끈하게
이어지고 있다.

색계 18천 다음에 등장하는 것이
무색계(無色界) 4천天이다.

이곳은 물질을 떠나 깊이 선정에 든 자가
머무르는 공간으로 사실 공간의 개념을 떠나
있다고 보면 좋을 것이다.

첫째 공무변처천(空無邊處天)은
공무변처정(空無邊處定)에 들어선 신(神)들이
머무는 하늘로, 내외의 모든 물질과 대상을
공(空)으로 관(觀)한 결과 마음이 허공의 세계로
들어간 것이다.
그러나 여기서는 허공(虛空)이라는 어떤 것을
사고 대상으로 삼아 거기에 사로잡히고 만다.

둘째 식무변처천(識無邊處天)은
마음이 허공에 사로잡혀 있는 상태에서 빠져나와
일체(一切)의 사고 대상이 배제된 세계

그래서 의식만이 존재하는 세계로 접어든,
식무변처정(識無邊處定)에 들어선 신(神)들이
머무는 곳이다.

그러나 여기서는 '사고의 대상을 모두 배제했다'
는 '사고(의식)가 존재한다.
유식(唯識)

셋째 무소유처천(無所有處天)은
그러한 의식도 존재하지 않으며, 존재하는 것은,
가진 것은 아무것도 없다는 무소유의 세계이다.
그러나 여기서는 '아무것도 가진 게 없다'는
그 없다는 생각에 구속되어 있다.
쉽게 말해서 공(空)이나 무(無)에 얽매여 있는 것
이다.

넷째 비상비비상처천(非想非非想處天)이다.

비상(非想)은 '생각하지 않는다, 는 의미인데,
그렇다면 다시 '생각하지 않는다는 것'에 머물러
그 '생각하지 않는 상태'에 매몰되기에
비상(非想)을 부정해서 비비상(非非想)이라 한 것
이다.
이것마저 부정하면 비비비상(非非非想)이 될 텐
데,
그렇다면 '생각한다, 안 한다'라는 방식으로
무한히 거슬러 올라가기 때문에,

비상 비비상(非非想)이라는 형식으로
동시에 부정하면서 거기서 빠져나오는 것이다.
그 이상 사유를 진전시킬 수 없기 때문이다.
그런데 불교에서는 이것마저 부정한다.
『왜』일까?
거기에는 사유(思惟)라고 하는 미세한 인위적 조
작이
아직까지 꿈틀대면서 일어나기 때문이다.

그 티끌이나 흔적마저 자취 없이 사라져야 한다.
그것이 멸진정(滅盡定)이라는 깨달음의 세계이다.

그것은 바로 욕계 6천, 색계 18천, 무색계 4천을
합한 28천 모두는 조작된 유위(有爲)의 세계,
곧 집착의 세계라는 사실을 깨닫고
그 모든 것을 멸한 자리다.

모든 종교는 사후를 논(論)한다.
기독교는 천국과 지옥만을 논한다.
(축생은 어디로 가는가?)
불교는 (천상 인간 아수라 축생 아귀 지옥)
육도윤회(六度輪廻)를 논한다.
인간의 몸을 받아 태어나야,
복덕을 지으면 천상에 태어나고
죄업을 지으면 아귀 축생 지옥에 떨어진다.
인과응보(因果應報)는
자신이 지은 업보는 자신이 받는 것이다.

이것이 자연(自然)의 순리(順理)이며 절대적인 진
리다.
천상(天上)에 태어나는 것도
지옥(地獄)에 떨어지는 것도
자신이 지은 업보이며 곧 인과응보의 결과이다.

이 세상을 크게 나누면 욕계(欲界) 색계(色界)
무색계(無色界)의 삼 세계로 선정하여 본다.

또 천상 세계와 지상 세계와 지하(어둠)의
세계로 나뉘어 육도윤회(六道輪廻)한다고 한다.

신(神)과 인간만이 복덕을 짓고
죄업도 지어 현세에 받고 후세에 받는 것이다.
아수라(阿修羅) 축생(畜生) 아귀(餓鬼)
지옥에 떨어진 귀신(貴紳)은 스스로 복덕과 업과
를 짓지 못하고 과보(果報)를 받는 것이다.

그래서 그 후손들이 부처님 전에 조상의 공덕을

짓고 공덕을 베풀어 주느라고 천도재(薦度齋)를
시키는 것이다.
업과(業果)에서 벗어나기 위하여 수행한다.

수행(修行)하여야
자신의 지은 전생의 업과(業果)를 벗어난다.
내가 짓고 내가 받는다.

그래서 인간으로 왔을 때 수행하여
복덕(福德)을 짓고 복력(福力)을 쌓아
천상에서 태어나는 자격을 갖추어야 한다.

복덕(福德)을 짓고 복력(福力)을 쌓은
의식(意識)의 차이에 따라
어느 천상(天上) 세계에 태어나느냐가 결정되어
진다.

최상의 천상 세계인 무색계(無色界)에서 떨어지면
색계(色界)의 세계로 떨어진다.

색계(色界)의 세계에서 떨어지면
욕계(欲界) 6천에 떨어진다.

욕계(欲界) 6천에서 떨어지면
인간(人間) 세계로 떨어지는데
이때 어둠의 세계로 떨어지는 신(神)들도 있는 것
이다.
그래서 인간으로 왔을 때 수행하여
복덕(福德)을 짓고 복력(福力)을 쌓아
천상에 태어나는 것이다.
천상 세계에서도 욕계(欲界) 6천이 있고
색계(色界)에는 초선, 2선천, 3선천, 4선천이 있고
그리고 무색계(無色界)의 4선천이 있으니 ,
천상 세계에 태어나려면 신(神)들의 정신세계를
공부하여야 한다.

그 신(神)들의 정신세계를 넘어
중생을 구제하겠다는 원력을 세운
불보살의 단계로 넘어가는 것이다.

불보살의 세계에 들어가려면 일체중생을
구제하겠다는 원력을 세워야 한다.

"저 원수까지도 구제하겠다는 원력을 세워라."
원력을 성취하여야 부처의 정신세계에
도달할 수 있다는 것이다.
신(神)들의 정신세계의 단계를 넘어서야
부처님의 정신세계에 들어가는 것이다.

4. 『나』라는 자존심을 죽여라.

섣달 어느 겨울날,
노스님과 함께 전남 광주 시내 도청 앞
육교 위를 건너가는 중에,

노스님께서 저에게,
"네가 가서 앉아 계시는
부처님께 삼배를 올리고 오너라..." 하신다.

"예" 대답은 했는데
동서남북 아무리 둘러봐도 절이 없다.
혹 불상이라도 있나 하고 둘러봐도
오가는 사람들뿐 앉아 있는 부처님은
안 보인다.

어리둥절하여 멍하고 있는 찰나에
평소에 "처처 불당이요, 처처 부처라,

이 세상 모두가 부처 아닌 것이 없다"라고.

노스님은 내 귀에 딱지가 앉도록
"세상 만물 일체가 부처로
이루어지지 않은 것이 없으니
이름이 다 부처이다.
다른 이름이 필요 없는 것이다."
하신 말씀이 생각났다.
육교 내려가려는 데 잔뜩 쭈그리고 앉아서
동냥을 구하는 거지가 보인 것입니다.

나는 아이고 소리가 절로 났다.
그날은 누비 두루마기를 폼 잡고 입고 왔는데,
저 거지에게 부처님이라고 절을 하라 하니
은근히 자존심이 상하고 기가 막혔다.

그래도 오늘은 무슨 공부를 시켜주시려고
나더러 저 거지에게 삼배를 하라 하시나…

저 거지가 정말 부처님인가?
내 마음을 점검해 본다.
그러나 부처님으로는 안 보인다.

절을 하면 부처님으로 보이려나,
해서 오기가 발동해서 '한번 해보자.'
하고 마음 단단히 먹고 그 앞에 섰는데…

사람들은 오가는데 거지에게 절은 해야 하고
막상 그 앞에 서보니.
도저히 무릎이 꾸부러지지 않는 것이다.

이 무슨 조화냐!
이 동지섣달에 바람도 거세고
추운 이 날씨에 몸에서 땀이 나기
시작하는 것입니다.
얼굴은 화끈거리면서
주위 사람들이 인식되어 창피하고
도저히 자존심이 상해서 못 하겠는데,

저 앞에서 노스님은 "하하 하!"
소리 내면서 웃고 있는 것입니다.
저 노 땡중이 툭하면 나를 실험한단 말이야.
오기로라도 한번 해보기로 마음먹고,

거지에게 절을 한번 하는데
벌써 땀방울이 바닥에 몇 방울 떨어져
있습니다.

그래서 나의 수행 비법을 쓰기 시작했다.
『나』는 없다. 『나』는 바보다.
『나』는 죽었다.
계속 이렇게 마음을 다잡아 가며 절을 하기
시작했다.
한 번 두 번 세 번 그야말로
이 마음을 어떻게 표현해야 하나...

굳이 한다면
많은 사람들 앞에서 넘어졌는데

하필이면 똥구덩이에 넘어져
잘 차려입은 옷에 똥이 묻어서
어쩌지 못하는 그런 기분일 거야!

그런데 삼배를 마치고 일어서는데
내 속마음에 시원한 느낌이 왔다.

그리고 뭐 대수롭지 않게 기분도 좋다.

아니 왠 환희심으로 '부처님 감사합니다.'
기도가 절로 나온다.
그러자 노스님은 저 앞에서 "하하하"
한바탕 웃으면서 가신다.
나는 이때
나라는 자존심이 죽어서 마음이 하심이 되면
누구든지 부처님으로 높이고
감사하는 마음이 절로 생기며
환희심이 나오는 것을
느낄 수 있었다.

부처님의 마음은 나라는 자존심과는
정반대의 마음을 일으키는구나!

『왜』 나라는 아상(我相)을 내려놓아라,
하심(下心)하라, 하는지 그때 알았다.

나라는 아상(我相)의 자존심은 절대로
상대를 부처님을 보려 하지 않고
적개심으로 '너는 나보다 못하다.'하여
내가 높아지고자 합니다.
나를 높이고 상대를 낮추어 보기 때문에
절대로 부처님처럼 여기고 삼배를 올릴 수
없는 것입니다.

내 인생을 즐겁고 행복하게 살려면
상대를 부처님처럼 여겨라.

나라는 자존심을 죽이는 기도를 수행해야 합니
다.

상대를 부처님처럼 높이고
나를 낮추어 낮은 데에서 임하라.
낮아지고자 하는 자는 높아지고
높아지고자 하는 자는 낮아진다.

아상 인상 중생상 수자상이 소멸되어
아견 인견 중생견 수자견이 소멸되어야
부처님의 마음이 됩니다.
상대를 부처님으로 여기고
부처님의 마음을 먹으면
부처님이 된다는 것을 명심하여
꼭 실천하시기를 발원합니다.
다 성불하세요.

5, 내가 만든 허깨비

부처님께서 열반에 드시기 전 마지막에 남기신
유훈이 무엇인지 아십니까?
자등명(自燈明) 법등명(法燈明)이라 합니다.

부처님께서는 『왜』 너 자신을 믿고
부처님의 법에 의지하라고 설하셨을까요?

우리가 사물을 보고 나면
그 사물에 대해 이 뭣꼬 하는 생각이 일어날 때
상(相)을 만들게 된다는 것입니다.

자신의 견해대로 온갖 생각을 다 일으키고
상상으로 온갖 허깨비를 다 만들어
망상에 빠지기 때문입니다.

그래서 부처님께서 금강경에 이르시기를

일체유위법(一切有爲法), 일체의 있는 법이
여몽환포영(如夢幻泡影), 꿈같고 도깨비 같고 물
거품 같고 그림자 같아
여로역여전(如露亦如電), 이슬 같고 역시 번개 불
같으니
응작여시관(應作如是觀), 응당 이과 같이 지어서
보아라.

이같이 『나』라는 견해(見解)로 생각하고
상상하여 마음을 먹은 것이,
다 허망한 상(相)이라는 것을 명심해야 합니다.

소승이 수행하던 때입니다.
어두운 그믐날 밤샘 수행한다고
산 8부 능선 바위에 올라앉아 있었습니다.

아득한 능선의 중턱 바위에 앉아 있어서
골짜기 아래를 내려다보면,
'아! 여기서 떨어지면 죽을 수도 있겠구나.' 하는

생각이 먼저 들었습니다.

밤새 정신 바짝 차리고 앉아 있어야 하는 자리,
하지만 좌정하여 얼마 지나지 않아 골짜기에 불
어오는 바람이
휘이휭~ 휘이휭~ 소리를 내는데
마치 귀신의 웃음소리처럼 들리기 시작했습니다.

그러면 문득 옛날 어릴 적에 할아버지 할머니께
서 해주시던
귀신 이야기가 생각나기도 하고요.

그러자 이때부터 바람 소리는
점점 더 귀신의 웃는 소리로 들리고
내 앞에 귀신이 나타날 것 같아
등골이 오싹해지고
무서운 마음이 생겨 바로 일어나서
도망가고 싶은 마음이 일어나기 시작했습니다.

하지만 이때 모든 생각은 환상이라는 것을
알아차려야 합니다.
내 견해로 일어나는 허깨비 환상에
속지 말아야 합니다.

내 마음을 관하여 보면
바람 소리를 정확하게 듣지 않고
예전에 들었던 이야기들이 생각나고,
그 생각으로 바람 소리에 의미를 더하여
자신의 마음이 귀신의 웃음소리로 착각하여
무섭다는 생각을 불러일으키고
이 무섭다는 생각은 다시 두려움으로 변하여
온몸에 서늘한 느낌으로 전해지는 것입니다.

내 안에 무엇이 무서움을 느끼게 하는 것인가?
밖의 경계를 무시하고 내 안에서 무서워하는
마음을 지관(止觀)해 보면,
스스로 지어 만든 상(想)이 마음이라는 것을
알게 됩니다.

그래서 금강경에
범소유상(凡所有相). 무릇 상(相)이란 함은
개시허망(皆是虛妄). 다 허망한 것이니
약견제상비상(若見諸相非相). 만약 모든 상(相)을
볼 때 상(相) 짓지 않고 보면
즉견여래(則見如來). 즉 여래를 볼 것이다. 라고
했습니다.

그때부터
내 무엇을 무서워한단 말인가? 큰소리치면서
그럼 귀신아 내 앞에 나타나 봐라.
어디 얼굴 한번 보자.

귀신이 나타나기를 조용히 기다려 보니
귀신은 나타나지 않는 것입니다.
내 마음속에도 밖에도 귀신은 없고
오직 바람 소리뿐이다.

『나』라는 견해(見解)로 옛 기억을 되새기어

상상으로 만든 상(想)이
마음이라는 것을 알게 된 것입니다.

바람 소리에 스산한 기운을 느끼면서
이 스산한 기운과 옛 기억의 생각이
무섭다는 마음의 상(想)을 일으킨다는 것을
알게 되니,

바람 소리를 그대로 들을 수 있고
옛 생각에 끌려 망상을 내지 않으니
더 이상의 두려움이 없어져
몸과 마음이 평온해지는 것입니다.
마음이 일어난 근본을 알아야 합니다.
현재 상황과 옛 기억의 어떤 인연이
현재의 생각을 일으키고 있는지
현재의 생각을 정견(正見)으로 바라보아야 합니다.

현재 상황과 생각이 어떻게 연결되어 생각이
일어나는지 생각을 정확하게 알아차리는

정견(正見)의 보는 습관이 되어야
상(相)에 현혹되지 않습니다.

모든 고통과 괴로움의 마음도 이와 같습니다.
내가 받아들여서 생긴 마음이라는 것을 알아차
리면
더 이상 고통스럽고 괴롭지 않아집니다.

오늘 봉정암에 기도하시는 불자님들께서는
마음의 상을 만들어 고통의 괴로움을 짓지 마시
고
오직 부처님과 일체 되는 마음을 지어
기도 성취하시기 발원합니다.

5. 내가 만든 허깨비

6. 인간 탄생의 비밀

신(神)이 타락한 것이 인간이다.

'어떤 사람은 전생에 나라를 구했나!
어떤 사람은 복이 많아 금수저로 태어나고
행운도 주고 하는 일마다 잘되는 것이냐' 하며
불평불만을 하고 산다.

'나는 전생에 무엇을 했기에 이리 복이 없나' 하
고 한탄하기도 한다.
'나는 평생 지지리도 복이 없어 평생을 고생 고생
하여도 이 고통에서 벗어나지 못하나'
불공평하다고 하늘을 원망(怨望)한다.

'죽으면 이 고통이 끝나려나'
우리 인생사에서 이런 의문(疑問) 하면서 산다.
부처님의 전생 이야기를 들어보면

수 없는 윤회를 하면서 많은 공덕을 짓고
중생의 고통에서 벗어나게 하겠다는
원력을 세우는 삶을 살았다는 것을 배우게 된다.

우주 법계에는 수 없는 부처님의 세계가 있고,
수없이 많은 천상 세계, 신들의 세계가 있고,
그리고 인간이 죽으면 떨어진다는 염부제 세계
아귀, 아수라, 지옥의 세계가 있다.
그리고 우리 인간이 사는 세상을 사바세계라 한
다.

불경을 공부해 보면 육도윤회를 공부하게 된다.
신(神)들은 어떻게 생겨났는가?
염부제 지옥은 어떻게 생겨났는가?
그리고 인간은 무엇이 인간이 되었나 하는
의문이 생기는 것이다.

각각의 민족마다 최초의 조상님이
천신(天神)이었다고 주장한다.

『왜』

성경에
욕심이 잉태한즉 죄(罪)를 낳고
죄(罪)가 장성한, 즉 사망(死亡)을 낳는다고 한다.
그래서 기독교인들은 인간이 죽는 것은
죄(罪) 때문이라 한다.

결론적으로 죽은 것은 죄 때문이다.
그런데 죽은 자들이 예수님만 믿으면
천당에 간다고 하니 이해가 안 된다.

『왜』
죽는 것을 죄 때문에 죽는다, 했으면,,
생각 좀 해보세요,
예수님을 믿으면 죄(罪) 사함 받는다고 하는데
죄(罪) 사함 받았으면 죽지 말아야 한다.

죄(罪) 사함 받았다는 증거는 죽지 않아야 한다.

무엇으로 죄(罪)를 사함 받았다고 증명할 것인가?

인간이 죄를 짓고 죽어서 지옥에 가면
귀신(鬼神)인가? 사람인가?

인간이 죽어서 천상(天上)에 가면
신(神)인가? 인간인가?

이 세상에 오기 전 무엇이 나였는가?
나는 어디에서 왔다가 어디로 가는가?

무엇이 인간이 되었나?
신(神)이 나왔으면 무엇을 심은 것인가?
『왜?』
윤회(輪廻)하는 이유?
『왜?』
천도재(薦度齋)를 해야 하는 이유?
『왜?』

인간은 불성(佛性) 천성(天性) 인성(人性)
3가지 성품이 있다 하나?

불성(佛性)이 동체대비심인 불심(佛心)이다.
천성(天性)이 분별의식으로 천심(天心)이다.
인성(人性)이 죄의식으로 탐진치 삼독심(三毒心)
이다.
『왜?』
수행해야 하는 이유를 알아야 합니다.

불교의 세계관을 알아야 한다.
법당의 구조를 보면 이와 같은 세계를
펼쳐놓은 것이다.
상단은 불보살 세계
중단은 신의 세계
하단은 염부제 세계
그리고 우리가 앉아있는 중생계

1. 불보살 무량수 무량광불(無量光佛)의 세계

이 세상이 창조되기 이전,
천상의 세계가 창조되기 이전
신들이 탄생하기 이전의
세상이 무엇일까요?

밤하늘의 은하수 별빛처럼
형광등의 불빛처럼 각기 빛을 방출하지만
서로에게 방해가 되지 않으며 그 수가 무량수이
다.

헤아릴 수 없는 많은 무량수의 빛의 세계
무량수 무량광불의 세계가 부처의 세계입니다.
무량광불의 세계에서는
다 환희심의 마음을 먹고 산다.
고로 동체대비심(同體大悲心)으로 장엄되어
분별 의식이 없어 청정한 의식의 세계이다.
고로 나라고 내세울 아상(我相)이 없었다.

어느 때 대 파동이 일어났다.
하나의 빛의 의식이 떨어져 나와
하나의 세상을 창조한다.

2. 하나의 빛의 의식이 떨어져 나와 천상의 세상
  이 탄생한 것이다.

내가 이 세상을 창조하였으니
저 불 세계의 중생들도 이곳에 왔으면 하고
염원하니 하나둘씩 이 세상에 오게 되었다.
내가 이 세상을 창조하였으니
나는 창조주(創造主)이며 천주(天主)이다 하여
나 외에는 다른 신(神)을 섬기지 말라 한다.
이런 연유로 천상의 세계가 형성되었다.

『나』라는 아상(我相)이 형성된 것이다.
이 천상의 신들이『나』라는 아상(我相), 분별 의식
으로 탐욕이 강해지며

스스로 방광 하던 빛이 약해졌다.

분별 의식으로 탐욕이 커지면서 빛이 약해졌다.
자신으로부터 방광 하는 빛이 강한 신(神)은
『나』라는 아상(我相)으로 빛이 약한 신(神)에게
너는 나보다 못하다 비유하여 상대를 업신여기니
빛이 약한 신(神)은 그 세상에서 떨어져 나와
또 다른 자신(自神)의 세계를 창조하게 되었다.

신(神)의 세상은 이렇게 하여 28천(天) 이라는
천신(天神)들의 세상이 형성되었다 합니다.

이것이 최초의 신(神)의 세상이 탄생한 것이고
신(神)의 성품인 『나』라는 아상(我相)인 분별 의식
이 생겨난 것이다.

장아함경 불설장아함경 제22권

후진(後秦) 불타야사(佛陀耶舍) · 축불념(竺佛念) 한역 [제4분] ⑤

30. 세기경 ⑤

3. 염라국(閻羅國) 저승 세계의 탄생
   지옥의 세계는 어떻게 만들어졌나?

신(神)들의 세상이 28천(天)으로 떨어지는 과정에
서
어둠의 세계로 떨어지는 신(神)들이 있었으니
이 신(神)들이 만든 세상이 명부(冥府)의 세계
즉 지옥(地獄) 세계이다.

천신(天神)의 의식(意識)의 능력이란?
창조의 능력이 있다.
자신(自神)이 어둠의 세계를 또 창조하여
그 이름을 염라국(閻邏國)이라 하였다.
염라국에서 또 지옥(地獄)의 세계가 만들어지고
이 지옥마다 천왕(天王)이라 하여 귀왕(鬼王)들이
자신의 세계를 만들어 지배하였다.

사람이 죽으면 염라국에서 염라왕에게 심판받고
각각의 업식(業識)대로 인간과 축생으로

환생하기도 하고 아귀 지옥으로 떨어지기도 한다.
그럼 무엇이 인간이 되었나?
자신(自神) 스스로 방광 하던 빛이 희미해져
이제는 그 빛의 힘으로 지수화풍(地水火風)의 물
질을 모아
자신(自神)의 형상대로 인간의 형상으로 탄생한
것이다.

4. 신(神)이 타락하여 인간이 되다.

선악과를 먹고 사는 신(神)의 변신이 인간의 탄생
이다.
『왜』 각각의 민족마다 조상님이
천신(天神)이였다고 주장하나?

그때부터 신(神)이 세상에 각 민족의 조상신으로
인간의 조상들이 세상에 출현한 것이다.
서양이나 동양이나 다 그 민족의 조상들이

하늘의 천신(天神)이며 천상에서 왔다고 한다.
그래서 자신들은 천신의 후손인
천손민족(天孫民族)이라고 주장합니다.

우리 민족의 조상은 단군왕검(檀君王儉)으로 시작
했다 한다.
단군(檀君)의 조상은 환웅(桓雄)이요,
환웅(桓雄)의 조상은 하늘의 천신(天神)인 환인(桓因)이라 한다. 하니
우리 민족의 조상은 하늘의 천신인 하느님인 것입니다.
그래서 우리 민족은 천손 민족이라 한다.

부처님은 도리천 궁에 계시다 인간의 몸을 빌려
이 세상에 오셨다 하고
미륵부처님도 도리천 궁에서 오신다고 예언한다.

예수는 성령으로 잉태했다 하여 천신(天神)의
아들이라 한다.

이는 천신(天神)이 인간의 몸을 빌려 태어났다는
것입니다.
그럼 우리 인간의 고향은 바로 천상이 아닌가?
바로 천상에 사는 사람을 천인(天人)이라 하고
천신(天神)이라 한다.
그러므로 사람의 몸을 받기 전에는 천신(天神)
이였던 것입니다.
『왜』 인간이 죄를 짓고 죽으면 지옥에 간다. 하나?
이는 천상에서 살던 신들의 광명이
점점 빛을 잃어
인간의 형상인 물질적인 몸을 입고 태어나면
광명의 빛은 물질 속에 잠재되어
빛이 점점 희미해져
업장으로 어둠 세계로 떨어지는 것이다

인간이 죽어서 천상(天上)에 태어났다는데?
천신(天神)이 타락하여 인간의 몸을 받고 내려오
면
인간 속에서 천신(天神)이 작용하는 것이다.

고로 신(神)이 타락한 것이 인간이다.

인간이 수행 잘하여 천신의 능력을 회복하면
천상에 올라가면 다시 천신(天神)이 되는 것이고
수행 잘하여 천상에 태어나면 천신(天神)이요.
인간이 죄업으로 죽으면 귀신(鬼神)이라 하나니
귀신(鬼神)이 되어도 신(神)은 신(神)이다.
천상에 태어나면 신(神)이다.

그래서 인간의 몸을 입고 있을 때
수행해야 하는 이유이다.

인간 몸을 벗어나서 신(神)이 되어 천상에 태어나
고
신(神)의 성품을 벗어나 불성(佛性)을 회복하기
위하여 수행하는 것이다.

신(神)이 나왔으면 무엇을 심은 것인가?
신(神)이 났으니 신(神)을 심은 것 아닌가?

콩 심은 데 콩 나고, 팥 심은 데 팥 난다.
인과응보(因果應報)가 이 아닌가!

그래서 인간의 몸을 받았을 때 반드시 수행하여
신(神)의 성품인 분별심 타파하고
불성(佛性)이 회복되면
윤회(輪廻)의 고리가 끊어지는 것이다.

자신(自神)의 본래면목(本來面目)을 깨달아야 합니
다.
미생지전수시아(未生之前誰是我)
태어나기 전 누가 나였으며
아생지후아위수(我生之後我爲誰)
내가 태어난 후 나는 누구인가?

인간의 성품에는
불성(佛性)인 동체대비심(同體大悲心)과
천성(天性)인 분별의식(分別意識)은
동전의 양면과 같아서 어느 편에 서느냐에 따라

부처가 되기도 하고 천신이 되기도 하는 것이다.

인간은 신(神)의 의식인 『나』라는 아상(我相)
분별의식으로
선인선과(善因善果) 악인악과(惡因惡果)를 맺어
매일 탐진치 삼독심의, 선악과의 마음을 먹고 산
다.

나라는 아상(我相)의 분별의식으로 욕망에 사로
잡혀
불성(佛性)인 동체대비심이 불심(佛心)이 발현되
지 못하고
지혜의 광명이 점점 빛을 잃어가기 시작하여
무명(無明)의 상태로 육도윤회가 시작된 것입니다.

윤회의 주체가 되는 『나』라는 아상(我相)이
육신의 욕망에 끌려 지은 업식(業識)이 참회가 되
고
업식(業識)에서 벗어나 공덕을 지어 신(神)의

성품으로 죄업을 벗어나면
천상(天上), 신(神)의 세계로 올라가는 신(神)은
인간이 아닌 신(神)인 것입니다.
신(神)이 타락하여 인간으로 떨어졌으면
부모미생전은 분명한 신(神)이 아닌가?.
그래서 수행해야 하는 이유이다.

천도재(薦度齋)를 해야 하는 이유?
인간이 사후(死後)에는 귀신(鬼神)이 되어
어둠의 세계로 떨어지면 지옥의 고통을
말로 허용할 수 없는 고통의 연속이기에
그 고통에서 벗어나게 해주는 방법이
천도재(薦度齋)라 하는 것이다.

이 육신을 갖고 있을 때 인간은
육신의 욕망에 사로잡혀 탐진치 삼독심으로
오욕칠정에 물들어 버리면 온갖 욕심으로
자신의 욕망을 채우려는 마음으로 가득하여
마음이 청정하지 못하고 지혜가 어두워져

귀신(鬼神)이 되어 지옥에 떨어진다고 한다.

죽어서 귀신(鬼神)이 되어 지옥에 떨어져도
그 후손들이 공덕을 베풀어 부처님의 말씀을 전
하여
자신(自神)이 육신의 집착과 욕망의 마음을 참회
하고
선의 성품으로 이끌어 천성(天性)을 회복하고
지혜를 획득하고 공덕을 쌓으면
부처님의 가피력으로 업식을 벗어나
귀신(鬼神)에서 신(神)으로 거듭나
천국(天國)인 천상(天上)에 태어나는 것입니다.

수행해야 하는 이유는
이 육신을 갖고 있을 때 나라는 아상(我相)인
신(神)의 성품인 분별의식을 알아차리고
동체대비심의 불성(佛性)을 회복하면
신(神)의 단계를 넘어서 부처의 세계로 돌아가는
것입니다.

자신의 욕심대로 살다가 귀신(鬼神)이 되느냐!
아니면 공덕을 베풀어 신(神)으로 태어나느냐!
아니면 신(神)의 성품을 알아차려
동체대비심인 불성(佛性)을 회복하여
부처로 태어나느냐! 이것이 문제로다.

이 세상에 올 때는 어디에서 오셨으며
가시나니 어느 곳을 향하여 가시나이까?

나는 어디에서 왔다가 어디로 가는가?
인과응보의 결과에 따라 사후(死後)에는
천상과 염부제의 세계로 나뉘어 돌아간다.

괴로워하는 지옥의 세계도
즐거워하는 천상의 세계도
부처님의 세계로 돌아가지 못하면
육도윤회(六道輪廻) 한다.
천상(天上) 인간(人間) 아수라(阿修羅)
축생(畜生) 아귀(餓鬼) 지옥(地獄)

이런 마음이 지옥(地獄)을 만든다.
내 욕심을 채우기 위해 살생하고
자신의 욕심을 채우기 위해 상대를 지옥으로
몰아가고
욕심대로 하려던 일이 마음대로 안 되면
불편한 마음이 장애가 되어
고통과 괴로움을 느끼며
끝없이 일어나는 마음이 지옥 세계를 만든다.

이런 마음이 아귀(餓鬼)로 떨어진다.
먹는 것을 서로 다투어 탐하고
내 것으로 만들려고 욕심내어 질투와 욕심으로
아귀 다툼의 정신이 아귀 세계를 만든다.

이런 마음이 축생(畜生)으로 떨어진다.
욕심의 욕망이 집착하는 마음으로 커져
옳고 그름을 분별하지 못하는 어리석은 마음이
축생의 세계를 만든다.

이런 마음이 아수라(阿修羅)로 떨어진다.
선이다 악이다 분별의식이 상대를 무시하고
자신 입장에 서서 판단하고
내 마음대로 안 되면 화를 내고 싸우려는 마음이
타인과 원한을 맺어 아수라의 세계를 만든다.

이런 마음이 인간(人間)으로 떨어진다.
빛과 어둠이 공존하여 분별의식이 주가 되어
선악과를 따먹기도 하지만
청정한 의식으로 중도를 선택할 수 있는 지혜를
깨달아
동체대비심의 마음을 회복하려는 이성적 마음이
윤회의 괴로움에서 벗어나 본래 불국정토를 회
복하려는 정신이
인간의 몸을 받아 태어나는 것이다.

이런 마음이 천상(天上)에 태어난다.
쌓은 복덕이 수승하여 윤회하는 세계 중에서
자신의 마음 먹는 대로 펼쳐지는 세계이며

육신통(六神通)으로 자유자재한 삶을 살아가며
가장 살기 좋고 풍요롭고
괴로움이 전혀 없는 즐거움의 세계이므로
공덕을 베풀어 그 복덕을 쌓으면
천상의 세계에 태어난다.

7. 기도(祈禱)와 수행(修行)을 할 때

1. 번뇌망상(煩惱妄想)에서 벗어나야 하고
2. 탐진치(貪瞋痴) 삼독심(三毒心)의 유혹에서 벗어나야 하고.
3. 『나』라는 아상(我相)과의 싸움에서 이겨야 한다.

제1. 번뇌망상(煩惱妄想)이 일어나는 것을 알아야 한다.

번뇌망상(煩惱妄想)이란?
탐진치 삼독심이 근원이다.
욕심 때문에 일어난다.
상대를 의식하기 때문에 일어난다.
못마땅한 마음에서 일어난다.
내가 하려는 아상(我相) 때문에 일어난다.

인상(人相)

그동안 배워서 아는 상식(相識)과 지식,

우리가 먹은 마음이 기억 속에 저장되어

『나』라는 아상(我相)이 주체의식(主體意識)으로

마음을 주장하기 때문에

내가 기도, 명상, 화두 참선을 내가 하려고 하면

번뇌망상(煩惱妄想)이 일어나는 것이다.

이는 팔만사천 마왕의 군사들이 생각에 꼬리를

물고 일어나 수행을 방해하는 것이다.

번뇌망상(煩惱妄想)에서 벗어나는 방법은?

십이인연법(十二因緣法)을 깨우쳐야 한다.

1) 자신 욕심의 생각을 알아차려라.

2) 상대를 의식하여 의미를 주지 말라.

3) 좋아하고 못마땅한 분별의식(分別意識)을 내지

   말라.

4) 절할 때 내가 하려는, 『나』라는 아상(我相)을

   하심하라.

5) 수축하고 팽창하는 깊고 깊은 호흡을 수행하라.
6) 숨죽이고 소리를 관하는 이근원통(耳根圓通)을
   수행하라.

절 수행하면서
『나』라는 아상(我相)을 하심(下心)하고
참회하면서
몸과 마음을 항복 받아
청정한 의식으로 호흡 수행으로 일심이 되면
숨죽이고 이근원통 수행하면
번뇌망상(煩惱妄想)에서 벗어난다.

제2 탐진치(貪瞋痴) 삼독심(三毒心)의 유혹

중생상(衆生相) : 욕심으로 채우려는 욕망과 소유욕
탐진치(貪瞋痴) 삼독심(三毒心)은
『나』라는 아상(我相) 분별의식이 주체가 되어
중생심(衆生心)을 일으키는 것이다.
탐진치 삼독심을 마왕의 세 딸에 비유한다.

1) 탐심(貪心)은
『나』라는 분별의식으로 대상을 느끼고 감각 했을 때
이때 감정이 일어나는데 이 감정으로
좋아하는 마음에서 취(取)하고 싶은 소유욕으로
오욕락(財物慾, 食慾, 睡眠欲, 名譽慾, 淫慾)을 채우
려는 욕망에 떨어지면 고(苦)가 시작되는 것이다.

감정을 내지 말라.
감정에 휘말리면 좋아하고 싫어하는 분별의식으로
좋아하는 마음으로 소유욕의 욕망이 생기는 것
이다.

정신 차려라.
공수래 공수거라 소유할 것이 없다는
무소유(無所有)를 깨달아야 한다.

2) 진심(嗔心)은

『나』라는 아상(我相)이 욕심이 과해지면
비교하는 마음이
싫어하고 좋아하는 마음으로 감정이 커지고
싫다 좋다 하는 마음이
못마땅한 마음과 좋아하는 마음으로
상대를 미워하고 좋아하는 감정의 마음이 커지고
내 욕심대로, 내 마음대로 안 되면
『나』라는 자존심이 상했다고
자존심을 『나』라고 착각하여 화를 내는 것이다.

일체(一切)의 인연(因緣)으로 일어난 마음은
연기무자성(緣起無自性)이라,
『나』라고 할 것이 없는 제법무아(諸法無我)라,
명심하고 또 각인시켜 마음에 새겨두라.

분별의식으로 일어나는 감정은 참『나』가 아니다.
화를 낼 『내』가 없는 것을 깨달아야 한다.

3) 치심(痴心)은

어리석음이라 한다.
무엇을 『나』라 하는지 모르는 어리석음이다.
무명(無明)의 상태에서
근본의 청정한 의식을 모르는 것이고
인연화합으로 생겨난 갈애(渴愛)의 속성이
『나』라는 분별의식, 아상(我相)이라는 것을 모르는
것이다.
『나』라는 분별의식, 아상(我相)이 주체가 되어
갈애(渴愛)의 욕망으로 집착(執着)에 빠져
고(苦)가 되는 원인을 모르고
고통이 되는 길을 간다는 것을 모르는 것이 어리
석음이다.

본래 인생사가 공수래(空手來) 공수거(空手去)라.
올 때도 빈손으로 오고 갈 때도 빈손으로 가는

것을
공(空)에서 나서 공(空)으로 돌아가는 것이니
재물과 명예 일체(一切)의 실상(實相)은
인연화합으로 이루어진 것이니
항상하지 않아 소유(所有)할 것이 없다는
무소유(無所有)를 모르는 것이다.
제행무상(諸行無常)을 모르는 것이 어리석음이다.

『나』의 생각과 마음이 일어나는 것도 본래
무념처(無念處)에서 인연(因緣)하여 나왔다.
다시 인연이 다하면 무념처(無念處)로 돌아가는
것을
알지 못하여 영원할 것이라는 착각으로 집착하
는 것이다.

진심(嗔心)은 일체의 인연으로 일어난 상(相)은
연기무자성(緣起無自性)이라
『나』라고 할 것이 없으나
제법무아(諸法無我)를 깨닫지 못하여

『나』라는 자존심이 나라고 착각하여
화를 내는 어리석음이다.

8. 놓아라

오늘 봉정암에 처음 올라오신 분?
오늘은 처음 오신 분들이 많네요.
『왜』봉정암(鳳頂庵)이라 했을까?
봉정암 유래를 전해 드려야 하겠네요.

봉정암에서 기도하시는 불자님들께서는
이 높은 설악산에 이 좋은 풍경과 좋은 자리에
이 봉정암을 창건하여 우리가 기도할 수 있도록
창건한 분에게 감사 기도해야 하지요?
"예."

적멸보궁 봉정암은 설악산 고도 1224 미터
용아장성(龍牙張城) 위치에 있다고 합니다.

우리나라 5대 적멸보궁(寂滅寶宮) 중 하나로
선덕여왕 13년 (644년) 신라의 고승

자장율사에 의해 창건되었다 합니다.
당시 자장율사께서 당나라 유학 중 청량산에서
3 · 7일 (21일) 기도를 올리던 마지막 날
문수보살이 현신하시어
부처님의 진신 사리와 금란가사를 전해주며
해동에서 불법을 크게 일으키라고 부촉 하셨다.
합니다.

부처님의 사리를
경남 양산 통도사에
강원도 평창 오대산 상원사에
강원도 영월 사자산 법흥사에
강원도 정선 태백산 정암사에
봉안하고
부처님의 뇌 사리를 봉안할 장소를 찾아
금강산 이곳저곳을 순례하였다 합니다.

그러나 마땅한 장소를 찾지 못하고
다시 3-7일(21일) 기도를 시작하였는데

그러던 어느 날 아름다운 빛을 내는
봉황이 나타나 하늘을 선회하는바
자장율사께서는 이를 범상치 않게 여겨
몇 날 며칠을 봉황을 좇아갔답니다.

이 그림이 108법당 양쪽 벽에 그려져 있어요.

마침내 봉황은 어느 높은 봉우리 위를 선회하기
시작하다
갑자기 어떤 바위 안으로 들어가 자취를 감추어
버렸는데
자장율사께서 그 바위를 가만히 살펴보니
부처님 불두의 모습이었답니다.

봉황이 사라진 곳은 바로
부처님의 이마에 해당하는 부분이었답니다.

이 바위가 어떤 바위냐 하면
바로 봉정암 마당에 도착하여 법당 쪽을 바라보면

꼭 떨어질 것 같은 바위가 있지요?
"예."
바로 그 바위가 봉 바위입니다.

부처님의 이마에 해당하는 꼭 떨어질 것 같은
바위 속으로 봉황이 들어갔다 합니다.

봉정암(鳳頂庵)이란?
봉황이 부처님의 이마로
사라졌다 하여 붙여진 이름이라고 합니다.

봉(鳳)은 봉황새 봉 자요,
정(頂) 정수리 정 자를 써
봉정암(鳳頂庵)이라 이름합니다.

그런데 바위가 앉아 있는 모습이
매일 달라 보입니다.

봉황이 밤 2시에 이 마당에
그 바위를 싣고 내려왔다가
다시 올라가서 알을 낳는다고 합니다.
그리고 다시 내려와서 바위를 올려놓는데
급하면 조금 흔들리는듯하게 올려놓기에
떨어질 것같이 위태롭게 서 있다고 합니다.

오늘 봉황을 한번 만나보시겠어요?
그럼 철야 기도해야 합니다.

봉 잡는다 하지요?
"예."

철야 기도해야 봉을 잡을 수 있어요.
봉 잡아야 대박 날 것입니다.
또 봉황이 알을 품고 있는 형상을 한 봉정암은
봉 바위를 중심으로 좌우에 일곱 개의
바위가 병풍처럼 둘러쳐 있으니
천하의 명당 중 명당이라 합니다.

소청 산장 위에서 내려다보면
용아장성(龍牙張城)이 마치 용이 하늘로 승천하기
위해
입을 벌리고 있는 모습이고
바위들은 용의 이빨 같아 보인다고 하여
용아장성(龍牙張城)이라 합니다.

이 좋은 천하의 명당자리에서 철야 기도하여
봉황도 만나보고 봉 잡아 소원성취하시길 발원
합니다.

철야 기도할 때

모든 생각과 욕심의 마음을 비우고
『나』의 견해(見解)를 다 내려놓으세요.

법문을 듣기 전에 입정(入定)이 있겠습니다.
죽비 3번 치시고 하지요?
"예."
입정(入定)하면 마음을 다 내려놓아야 합니다.

〈문제〉
큰스님께서 법문하실 때
주장자를 꽝 치시고 나서 한참 있다가
"이 도리(道理)를 아느냐 하시거든요?"
"한 생각 일어나기 전이 무엇이더냐?" 하십니다.
한 생각 일어나기 전이 무엇일까요?

조용해진다.
『왜』 묵언 수행한대요.
큰스님께서 주장자를 꽝 치시면 무슨 법문을
하시려나 하고 마음을 비우고

조용히 앉아 큰스님만 바라보고 있지요?
"예"
그때의 마음자리는 비어있지요?
"예"

한 생각이 일어나기 전…
마음은 인과 연이 만나야 일어납니다.
그럼 인과 연이 만나기 전에는 무엇인가요?
"예, 비어있는 공(空)입니다."
예, 잘 아시네요.

한 생각이 일어나기 전도 공(空)이요
마음을 내려놓으면 그 자리도 공(空)입니다.

그래서 본래 마음은 언제나 공으로 돌아갑니다.
혹 만법귀일(萬法歸一) 일귀하처(一歸何處)란
말 들어봤지요?
"예."
만(萬) 가지 법이 한 가지 공(空)으로 돌아가는 것이

이것이 진리를 찾는 것이요,
본래 면목으로 돌아가는 길입니다.
그래서 절에 오면 스님의 법문이
분별심을 내려놓아라,
마음을 비워라, 하심(下心) 하라 합니다.

어떻게 마음을 비우고 하심 하는가?
그 방법이 무엇인가?

역지사지(易地思之)라는 말을 알지요?
내 입장만 생각하여 마음먹지 말라.
상대의 입장에서 보고 생각하라는 것입니다.

바로 상대의 입장에서 생각해 보면,
그럴 수도 있겠네! 하고,
내 생각이 설득되면 내 마음이 내려놔집니다.

예전에 경허 큰스님과 만공 스님의
만행일기에서 보면 두 스님께서,

어느 여름 장마철에 비가 온 다음 날
이쪽 동네에서 저쪽 동네로 가려고 하는데
큰 개울이 가로 놓여 있었던 것입니다.

예전에는 다리라는 것이 전부 돌다리였습니다.
『왜』징검다리라는 거 있지요?
"예."

전날 비가 많이 와서 물살이 센지라
그때 강 건너 마을에 사는 처녀가 혼자서
개울을 건너려 하니 물살은 세고
혼자서는 도저히 건널 엄두를 못 내고
사람을 기다리고 있는데
이때 두 스님께서 이곳에 도착했습니다.

그때 두 스님과 함께 건너가면 되는데.
그런데 스님들은 여자를 보기를
무엇처럼 보라고 하지요?
"예 돌처럼 보라고 합니다."

어! 스님도 아닌데 어떻게 알았데요?
웃음 한바탕...

그럼 그 처녀는 큰일 난 것이라.
스님들은 처녀를 보기를 돌처럼 보라 하니
돌이 무거우니 업고 건너지도 못하고
스님들은 여자의 손목을 잡아도 안 된다고 하니...

그래서 만공 스님은 여자를 본체만체하고
자신만 건너려고 행장을 챙기고 있는데
그때 경허 큰스님께서 그 처녀를 번쩍 들어서
안고는 다리를 건너가는 것입니다.

그 광경을 바라본 만공 스님은
어! 우리 큰스님께서 저러면 안 되는데
하고 마음을 먹는 순간
마음이 무거워지기 시작했던 것입니다.

경허 큰스님께서는

그 처녀를 안고 다리를 건너가서는
처녀를 내려놓고 가던 길을
아무렇지도 않다는 듯 걸어가는데

처녀를 안아 보지도 못한 만공 스님은
그때부터 처녀를 안고 가는 것보다
더 마음의 무게가 천근만근이 되는 것입니다.

경허 스님의 뒤를 따라가던
만공 스님은 가면 갈수록 마음이 무거운 고로
경허 큰스님께 여쭈었습니다.

"큰스님, 아까는 어찌하여
그 처녀를 안고 다리를 건너갔습니까?" 하니
"응"하시며 경허 스님께서 하시는 말씀이
"나는 아까 다 내려놓았는데
너는 아~ 직~ 도 안고 가느냐." 하시며
"내려놓아라." 하시는 것입니다.

이때 만공 스님께서 '아!' 하고 깨우친 것입니다.
응무소주이생기심(應無所住而生其心)이라 했는데.
'아! 내가 계행(戒行)에 집착하여 마음을
아직도 안고 있구나.'

이것이 무엇인고?
처녀를 안아 본 것은 경허 큰스님인데
처녀를 안아 보지도 못한
만공 스님은 계율이라는 틀에서 벗어나지
못하고

우리 스님이『왜』처녀를 안고 갈까?
『왜』계율을 어기나 하고
만공 스님의 마음에는 처녀를 안고 있는 것입니
다.
처녀를 안고 강을 건너서 내려놓듯이
마음도 내려놓으면
내가 했다는 마음이 없는 것입니다.

응무소주이생기심(應無所住而生其心)되어
응당 마음이 머무르지 않고 마음을 쓰면 된다.
내가 했다는 집착이 없어지는 것입니다.

어떤 마음을 먹느냐?
내가 했다는 마음을 먹지 말고…

경허 큰스님께서 처녀를 안고 개울을 건너서
내려놓듯이 마음도 턱 내려놓으면 됩니다.

마음을 내려놓는 방법을 습득하려면
봉정암에 올라올 때 부처님께 올리는 공양을
배낭에 가득 메고 올라오세요.
그리고
법당 부처님 전에 턱 하고 내려 놓아보시면
마음도 이렇게 내려놓는 방법을 터득하게
됩니다.

인생의 고뇌의 무게

천근만근 마음의 무게를 벗어버리고
몸과 마음이 고통에서 벗어나는 방법,
내려놓는 방법을 배웠으니
이 비워진 마음에 환희심으로 가득 채워
행복의 꽃 피우시기를 발원합니다.

환희심으로 성불하세요.

9. 호흡 수행

**우주와 함께 수축하고 팽창하는
호흡(呼吸) 수행의 이론**
아나(ana) : 들숨
파나(pna) : 날숨
사티(satil) : 알아차림

『왜』 호흡을 중시하나?
부처님께서는 『왜』 호흡법을 하라 하셨나?

명상, 염불, 화두 참선수행 등
모든 수행의 기초수행법이며
마지막 선정에 들어갈 수 있는
수행 방법이기 때문이다.

어떠한 수행이라도
마지막에는 모든 생각에 의미(意味)를 부여하는

분별의식(分別意識)에서 벗어나야 한다.

무엇을 한다는 의미(意味)를 부여하는
견해의 분별의식(分別意識)과
내가 무엇을 하고 있다는
아상(我相)에서 벗어나야 한다.

머리로 하는 분별 의식을 일으키지 말고
온몸으로 하는 의식을 집중시켜라.
호흡 수행은
불교 깨달음으로 가는 참 수행 방법이다.

온 우주가 수축하고 팽창하는 호흡을 한다.
우주와 함께 호흡하는 수행 방법을 반드시
익혀야 막힘이 없어 인생사가 행복해진다.

사람은 생각하기 때문에 창의력이 생기는 것이며,
호흡하기 때문에 죽지 않고 살아가는 것이다.
이 둘은 나눌 수 없는 불가분의 관계이다.

호흡과 생각은?
말을 하면서도 호흡하고 생각한다.
일하면서도 호흡하고 생각한다.
잠을 자면서도 호흡하고 생각한다.
의식하지 않아도 호흡하고 생각은 일어난다.
이는 호흡과 생각은
불가분으로 관계이기 때문이다.

인생의 불행이
호흡을 잘못하면 건강이 나빠지고
생각을 잘못하면 인생살이가 고달프다.

인생의 행복은
몸과 마음이 건강해야 행복하다.
불행과 행복은 이 두 가지로 정해진다.
우주는 어떻게 호흡할까요?
바위는 어떻게 호흡할까요?
나무는 어떻게 호흡할까요?
인간은 어떻게 호흡할까요?

수축과 팽창 운동이
온 우주가 호흡하는 방법이다.

우주의 수축과 팽창 운동이
에너지를 만들어내어
우주가 유지되는 힘의 원천이 되는 것이고

인간은
수축과 팽창시키는 호흡 수행이
몸의 기혈순환을 원활하게 하여
몸의 에너지를 만드는 원천이 된다.

팽창하는 기운은
폭발하려는 기운으로 에너지를 생성하고
수축하는 기운은 다시 응축하려는 기운으로
에너지가 축적되는 것이다.
모든 만물이 이같이 팽창과 수축하는 호흡을 한
다.

태초에 팽창과 수축하는 운동으로 에너지가 발
생하고 에너지의 파장이 강해지면서
진동하는 소리의 에너지로 파동치면서
빛으로 폭파되어 우주의 형체가 탄생하고
삼라만상이 탄생한 것이라 한다.

수축과 팽창 운동이
삼라만상이 숨 쉬는 구조로 되어있다 한다.
이를 과학자의 견해로 보면 우주는
수축하는 힘으로 블랙홀이 만들어졌고
팽창하는 힘으로 우주가 탄생한다고 한다.

수축하고 팽창하는 운동이 우주가 숨 쉬면서
에너지를 생성하여 실상이 존재하는 것이다.

바로 이 점이 수축하고 팽창하는
호흡 수행의 비밀이며
호흡 수행으로 몸의 에너지가 생성되어야 한다.

운동 중에
숨쉬기 운동을 잘해야 건강해진다.

〈문제〉
나이가 들면 어떻게 호흡할까요?
호흡을 거꾸로 하고 있다.

들숨 때 가슴에서만 팽창하고 아랫배 쪽은 수축
한다.
거꾸로 호흡하기 때문에 에너지가 생성되지 못
하고 기운이 떨어지는 것이다.
〈문제〉
어린아이 때는 어떻게 호흡했을까요?
어린아이의 배를 보면 답이 나온다.

들숨 하면 배가 남산만큼 나와 팽창하고
날숨 하면 배가 저 바다 밑으로 들어가
수축하는 호흡을 하기에 무한 에너지가
생성되는 것이다.

어린아이 때는 단전에서 온몸으로 하다가
차츰 나이를 먹으며 단전에서 배꼽으로 명치로
그리고 급기야 가슴으로 호흡하다 에너지 기운이
떨어지면 목으로 꼴까닥하고 숨이 넘어가는 것
이다.

일체 수행의 초석이 되고
무한 에너지를 생성하는 호흡 수행방법은?

1) 학교에서 보건체조 할 때의 숨쉬기 운동을 생
각하면 된다.

몸을 15도 정도 뒤로 넘기면
온몸으로 공기가 자동으로
들숨이 되어 들어가 아랫배가 팽창되고
단전까지 팽창되어 에너지가 가득해지는
들숨 호흡 방법이다.

단전에서 온몸으로 팽창한 공기를
몸을 앞으로 숙이면서 몸의 힘을 다 빼면서
날숨 하면은 몸속에 독소를 방출시키는
날숨 호흡수행으로 몸의 장애가 없어져 건강해
진다.

2) 호흡 수행은 등산할 때 배워야 한다.
설악산 봉정암이나 큰 산 등산을 해보면
처음에는 가슴으로 호흡이 되어 숨이 차고 힘들
다.
점차로 가슴으로 하던 호흡이 가슴을 소통시키
고 나면
호흡이 길어지면서 가슴에서 단전 아랫배 쪽으
로 내려간다.

단전까지 호흡이 내려가면
단전에 산소 공급이 되어
단전이 팽창하여 긴 호흡이 된다.
단전에 공급된 산소가 팽창하여

호흡을 밖으로 배출하면서 몸의 힘을 뺀다.
이때 몸속에 있던 독가스가 밖으로 배출되는 것
입니다.

그러면 단전에서 호흡하던 기운이
온몸으로 소통되면서
막혔던 혈관들이 소통되어
기혈순환이 원활하게 소통되므로
설악산 봉정암이나 큰 산을 등산하고 나면,
온몸이 시원함을 느낀다.

신선한 산소가 온몸으로 공급되어 점차로
온몸으로 에너지가 충만해져 경쾌함을 느끼는
것입니다.
온몸으로 호흡해야
신선한 산소가 온몸으로 공급되고
에너지가 충만해져야 몸을 유지하고
선정에 들어갈 수 있는 것입니다.

모든 운동은 수축하고 팽창하는 호흡운동을
먼저 배워야 몸의 힘을 빼는 연습이 된다.

명심해야 한다.
우리 몸은 신선한 산소(공기)가 부족하다.
옛적에는 학교 운동장에서 아침 조회 시간에
보건체조를 시키면서 숨쉬기 운동을 시켰다.
요즘은 숨쉬기 운동을 안 하고
컴퓨터와 휴대폰과 씨름하고 있다.

어린 학생들은 식생활이 좋아져 몸은 커졌지만
운동과 산소(공기) 부족으로 몸과 정신쇠약으로
정신병이 많이 발생하는 것이다.

특히 방콕(방에만 있는 사람) 하고 있으면
더욱더 산소(공기)가 부족하여 마음이 조급해지
고
자기 생각에 잡혀 상상력으로 불평불만과 짜증
이 많아지고

심신 불안증으로 화가 치성해진다.

마치 여름 가뭄으로 강물이 줄어 물이 부족하면
물속의 고기들이 샘물이 내려오는 쪽으로 몰린다.
강물이 점점 뜨거워지면 물속의 산소가 부족하여
물고기들이 정신이 희미해져 날뛰기 시작하는
것과 같다.
수축하고 팽창하는 호흡 수행은
바로 우리의 몸에 부족한 산소(공기)를
온몸으로 원활하게 소통시키는 수행법으로

들숨 할 때는 온몸으로 공기를 팽창시키고
날숨을 할 때는 팽창된 공기와 독소를 배출하여
수축시키는 과정을 통해서
몸의 에너지 파장과 공간에 에너지 파장이 하나
가 되어
점점 에너지가 생성되어 활력이 생기는 것이다.

내 몸에서 에너지가 생성되어야 활력이 생기고

이 에너지의 파장이 몸이라는 장애(障礙)를 벗어
나 공간과 하나가 되고
공간과 하나가 된 에너지 파장은
온 우주와 하나가 된다.
우주와 하나가 된 에너지 파장의 힘으로
우주 법계의 눈이 떠지는 것입니다.

우주 에너지의 파장과 무한 공간에서 하나가 되
어
너와 나라는 틀이 깨져서 마침내는 동체가 되어
대비심이 발현되는 것입니다.

우주와 내가 호흡수행을 통해서
둘이 아닌 불이(不二) 일체임이 깨달아진다.
동체대비심을 경험하지 못하면 보살의
육바라밀(六波羅密) 자비수행(慈悲修行)을
한다고 할 수 없는 것입니다.

수축하고 팽창하는 호흡 수행 방법은?

양손을 벌리고 몸은 뒤로 15도 정도 제치면서
들숨 호흡한다.
날숨 호흡할 때는
벌렸던 양손을 앞으로 모으면서
몸도 앞으로 수그린다.
호흡 수행은 이런 자세로 하는 것입니다.

가부좌하고 앉아서
몸을 뒤로 15도 정도 천천히 넘긴다.
그러면 호흡은 자동으로 들숨이 된다.
이때 주위
호흡을 "흡" 하고 급하게 들숨이 되면
가슴에 가득해져 호흡이 짧아진다.

그냥 몸을 뒤로 15도 정도 천천히 넘긴다.
호흡이 어디까지 들어온 것인가 관해보면
단전까지 가득해지면서 온몸으로 팽창시켜진다.
몸은 어떠한 반응을 하는지 그 느낌을 관하고
온몸으로 팽창이 되면 자연스럽게 천천히 날숨

을 한다.
그리고 날숨을 할 때 몸의 힘을 다 빼야 한다.

『왜』 힘을 빼야 하나?

힘을 빼야 몸과 내장 근육의 긴장이 풀어지기 때
문이다.

호흡 수행 방법은 자연이 숨 쉬는 것같이 한다.
들숨을 할 때 온몸으로 팽창시키고
날숨을 할 때 온몸으로 수축이 되게 힘을 뺀다.
팽창하고 수축하는 호흡을 해야
공간과 함께 호흡이 된다.

처음 시작하는 사람은 온몸으로 호흡이 잘 안된다.
왜냐하면 거꾸로 호흡하던 습관이 되어있기 때
문이다.
처음에는 가슴 흉부에서 호흡한다.
차츰 들숨 호흡으로 흉부에 산소를 가득 차게 한
다음

천천히 앞으로 조금 숙이면서 자연스럽게 날숨
을 연습한다.
이때 몸의 힘을 빼야 한다.

반드시
들숨 때에는 몸을 뒤로 15도 정도 젖히고
날숨 할 때는 앞으로 숙이면서 10차례 정도 하면
자연 온몸으로 호흡 되는 것을 느낀다.

이때 목과 어깨의 긴장하던 근육이 풀리면서
얼굴의 긴장하던 근육이 펴지고 긴장이 풀리기
시작하면 몸과 마음이 편안해진다.

이제 가슴에서 하던 숨이 단전으로 내려 호흡이
된다.
가슴 흉부에서 하던 호흡과
단전에서 하는 호흡의 차이가 있다.

단전 호흡이 깊어지고 호흡이 길어지는 것을 느

낀다.
그리고 날숨 때 몸의 힘을 빼면
몸의 긴장이 풀리고 유연해져 몸이 편안해지는
것을 느끼는 것입니다.
온몸으로 느껴질 때까지 무한 반복한다.

단전에서 하던 숨을 온몸으로 순환시키면
온몸으로 팽창이 되어 호흡이 깊고 깊어져
무한한 시간으로 길어지는 것을 느낀다.

이렇게 호흡이 되면서 온몸으로 팽창되었던
신선한 산소 기운이 독가스를 밖으로 배출하면서
몸속에 막혔던 혈이 뚫리고 기혈순환이
온전하게 되어 에너지가 생성되는 것입니다.
이때가 호흡의 들숨 날숨을 하면
단전에서 오르내리는 것을 알게 되고
그 기운이 점점 커지면서
단전에는 들숨 힘이 강해지고
날숨에는 엉덩이 쪽의 기운이 커진다.

단전과 엉덩이 쪽의 기운이 하나로
원통이 된다.
들숨 날숨의 기운이
단전과 엉덩이 쪽의 기운이 하나가 되면서
점점 뜨거운 기운이 돌고
기운의 에너지가 커지면서
온몸으로 하나의 기운이 형성된다.

그 기운의 힘으로 온몸으로 호흡이 되면서
단전과 엉덩이 뒤쪽의 기운이 서로 운행하면서
에너지가 발생(發生)되어 단전에 쌓이기 시작한
다.
마치 음극과 양극이 돌면서 발전되어
전기 에너지가 발생하듯이,
단전에 쌓인 기운은 마치 고무풍선처럼 팽창되어
온몸으로 기운이 운행하여 돌아간다.

온몸으로 호흡하면
처음에는 몸 전체로 운행되다가

차츰 몸의 경계가 허물어져
자신이 앉아있는 공간과 함께 운동한다.

차츰 그 공간도 경계가 허물어져
우주와 함께 호흡하는 것이 느껴진다.

나와 우주는 함께 호흡하는 것이
호흡하는 속에서 우주와 나는 본래
하나이다.
수축과 팽창 운동이 우주가 유지되는 힘의
원천이며
우주의 에너지 운동이 우주의 수축과 팽창 운동
이며
우주의 호흡법이라 하는 것입니다.

기운을 내뱉어 흩어 놓으려는 팽창의 기운과
기운을 응축해 묶어 놓으려는 수축의 기운이
자연의 호흡이라 하는 것이다.

모든 만물이 이와같이 수축과 팽창의 호흡을 한다.

수축하고 팽창하는 기운이 원운동을 하자
무형에서 형체가 생겨나면서 삼라만상이 생성되
듯이
우리의 몸도 무형의 에너지가 새로운 세포와 장
기 기능을 재건하여
항상 새로운 몸을 유지하는 것이다.

앞으로의 세상은 인간의 에너지 기운으로
세상의 모든 병마를 소멸할 수 있는
명약이 될 것이다.

인간의 무한 에너지 기운이 근본생명체이며
인간만이 일체 생명을 살릴 수 있는 에너지원이
며
무한 생명의 에너지를 생성해내는
생명의 근원이 되기 때문이다.

이와 반대로 인간이 생성해내는 독소가
우주의 생명을 죽이는 근원이 된다.

그래서 청정한 의식으로 동체 대비심의 마음으로
팔정도 수행과 호흡 수행으로
인간의 무한 에너지를 생성하는
수축하고 팽창하는 호흡 수행을 배워야 한다.

2. 우주는 수축과 팽창의 숨 쉬는 구조로 되어있다.

이를 과학자의 견해로 보면
우주는 수축하는 힘으로 블랙홀이 만들어졌고
팽창하는 힘으로 우주가 탄생한다고 한다.

수축하고 팽창하는 운동이
우주가 숨쉬면서 에너지를 생성하여
실상이 존재하는 것이다.
원자를 봐도 그렇다 한다.

묶어 놓으려는 원자와 탈출하려는 전자의
공존으로 이루어져 있다.
원자 역시 일종의 호흡을 하면서 존재를 유지하
고 있다.

바로 이 점이 호흡 수행으로 에너지가
생성되는 비법인 것이다.
호흡은 생명체에만 국한된 것이 아니다.
과학에서 말하는 파장을 예로 들어보면
파장의 크기가 작더라도 규칙이 같으면
큰 파장과 하나가 된다.
작은 파도와 큰 파도가 합일되어
더 커진 파도가 일렁이는 것처럼,
마찬가지로 먼지처럼 작은 인간이라도
호흡의 파장을 우주와 맞추면
그것이 일체가 되면서
인간의 범주에서 벗어나 우주와 하나가 된다 한다.

다시 말해 개체의 범위가 지워져 전체가 되는 것

이다.
그래서 우주와 호흡을 맞추기 위해서는
온몸으로 호흡이 원통이 되어야 하며
단전에서 들숨 날숨의 작용이 에너지를 양성하여
우주의 파장과 같아지면서 하나가 된다.
이렇게 되면 개체는 사라지고
삼라만상 그 자체와 하나가 된다.

이것이 선(禪) 수행이며
밝은 혜안(慧眼)을 열어 지혜를 획득하는
호흡 수행이라 하는 것입니다.

혜안(慧眼)이 열리고
우주 법계(法界)가 관(觀)해져
법안(法眼)이 열리어 궁극의 깨달음인
불안(佛眼)이 열리는 것이다.
『나』가 있으면서도 없는 상태
다시 말해 무아(無我)의 상태로 존재하게 된다.
지금 이 순간 호흡하고 있다는 사실을 깨달아

무한 에너지가 생성되도록 온몸으로 순화시키고
온 우주에 무한 에너지와 합일되도록
원통이 되도록 하라.
이 호흡법으로 당신은
천상천하유아독존(天上天下唯我獨尊)이 되며
온 우주를 살리는 당신은 깨달은 존재입니다.

생명의 에너지를 생성하는 호흡법으로
생명의 에너지 주파수를 온 우주에 전파하여
온 우주를 살리는 당신은
만인의 의사이며 부처가 되는 것입니다.

그래서 성인(聖人)의 에너지는
온 우주와 모든 생명을 되살리는 약이 되며
병든 자의 치료 약이 되는 것입니다.

호흡 수행이 모든 수행의
기초수행이 되면서도
모든 수행을 완성(完成)시키는 방법입니다.

몸과 마음은 둘이 아니다.
호흡 수행과 마음 수행은 불이(不二).
둘이 아니다.
우리의 몸은 지수화풍(地水火風)의 사대 원소의
화합(化合)으로 이루어졌다.
지(地) = 땅의 소산물을 섭취하고
화(火) = 불기운 태양의 따뜻한 기운을 취하고
풍(風) = 바람의 기운 즉 공기를 호흡해야 하고
수(水) = 물기운을 섭취해야 몸이 유지된다.

이같이 지수화풍(地水火風)으로 이루(離婁)어졌기
에
지수화풍(地水火風)의 사대를 섭취해야
우리의 몸이 유지되는 에너지원이 되는 것이다.

지수화풍(地水火風)의 에너지가 밖에 있으면
내 몸이라 하지 않는다.
내 몸으로 들어오면 내 몸이라 하는 것이다.

본래 지수화풍(地水火風)의 에너지원으로 이루어
진 몸이니
우주의 지수화풍(地水火風)의 에너지원이
내 몸과 하나이며 내 몸이 아닌 것이 하나도 없
는 것이다

그래서 수축하고 팽창하는 호흡 수행은
우주의 기운과 하나가 되는 수행법이다.

수축하고 팽창하는 호흡 수행으로 깊은 삼매에
들어가
우주의 파장과 하나가 되어
우주와 동체대비심(同體大悲心)이 발현되면
천안(天眼) 혜안(慧眼) 법안(法眼) 불안(佛眼)이 열
리어
우주 법계를 관(觀)할 수 있는
심안(心眼)이 열리는 열쇠가 되는 것이다.
호흡 수행과 마음 수행은 불이(不二).
둘이 아니다.

그래서 수축하고 팽창하는 호흡 수행과
팔정도 수행을 습득해야 한다.

10. 참 수행이란?

『나』와의 싸움에서 『나』를 이기는 것이다.

『나』라고 생각했던 것이
『나』의 적이라는 실상을 아는가?

『나』는 무엇이고 적은 누구인가?
내가 나를 죽이는 것을 귀신도 모른다.

부처님께 귀의하라.
그래서 『나』라는 아상(我相)을,
자존심을 멸해야 참 수행이다.

세상에 정반대로 알고 있는 진실은?
본래의 선과 악은 없다.
그러나 분별의식으로 선악이 생겨난다.
나는 선(善)하다고 생각한 것이

상대의 입장에서는 악(惡)이 되고
나는 악(惡)이라고 생각했던 것이
상대 입장에서는 선(善)이 되는 것이다.

세상의 착각
실상은 내가 『나』 자신을 모른다는 것이다.
평생을 『나』라고 생각하고
애지중지(愛之重之)하며 자존심을 내세우고
『나』라고 착각하여 살아왔는데
깨닫고 보니 어이없고 허망하다.

'나를 이기는 자 천하를 얻는다.' 한다.
지피지기(知彼知己)면 백전백승(百戰百勝)
적의 사정을 알고 나의 사정을 알면
백번 싸워도 백번 다 이긴다는 말이 있다.
그러나 나와의 싸움에서는
무엇이 나이고 무엇이 적인가? 를 모른다.

『나』라는 하는 것은 무엇이고

『나』아닌 것은 무엇인가?
무엇을 『나』라고 하는지
해부(解剖)해 보자.
나의 몸,
나의 마음,
나의 생각.

그 해답을 찾기 위해
부처님의 수행기록을 살펴보자.
부처님과 같은 깨달음의 경지에 도달하여야
『나』라는 아상(我相)과 참나를 안다.

우리도 수행 정진하여
보리 좌에 앉으면
반드시 마왕이 시험을 줄 것이다.

수많은 마왕의 군사들이
번뇌망상(煩惱妄想)으로 방해하고

마왕의 세 딸은
탐진치(貪瞋痴) 삼독심(三毒心)으로
혹은 음란으로 유혹하고

『나』라는 아상(我相)인
마왕과 싸움도 하기 전
천리만리로 떨어질지도 모른다.

부처님과 같이 청정한 의식 자리에 앉아
마왕과의 싸움에서 승리하려면

마왕 파순은 누구인가?
분명하게 깨달아야 합니다.

제법무아(諸法無我)를 깨우쳐 보면
『나』라는 아상(我相)이, 바로 자존심이
'마왕 파순'이라는 것이 깨우쳐지는 것입니다.

부산 혜원정사 팔상도 수하항마상

보리수 아래서
마왕의 군사들과
마왕의 세 딸과
마지막에 마왕에게 항복을 받는 장면이다.
번뇌망상(煩惱妄想)과의 싸움
부처님을 향하여
팔만사천의 마왕의 군사들이
부처님을 향하여 활을 쏘는데

부처님 가까이 와서는
꽃으로 화하여 떨어지는
벽화가 보인다.

‘팔만사천의 마군들’이란?
인생사에 일어나는 생각
‘팔만사천의 번뇌망상’을 말한다.

기도 정진에 들어가려 하면
온갖 생각 번뇌망상(煩惱妄想)의 공격으로

기도가 안 된다고 하소연한다.

번뇌망상(煩惱妄想)이 일어나는 원인은
인상(人相) 중생상(衆生相) 수자상(壽者相)의 화합
으로
탐진치(貪瞋痴) 삼독심(三毒心)으로
『나』라는 아상(我相)이 주체가 되어
내가 무엇을 위해, 내가 무엇을 하겠다는 생각이
일어나는 것이 번뇌망상(煩惱妄想)이다.

마왕의 세 딸은 마왕이 낳은 것이니
마왕은 누구인가 알아야 한다.

마왕은『나』라는 아상(我相)이고
『나』라는 아상(我相)의 견해(見解)로
분별의식(分別意識)을 지어
탐진치(貪瞋痴) 삼독심(三毒心)이 나왔으니

마왕의 세 딸이
욕망의 마음을 표현한 탐진치(貪瞋痴)
삼독심(三毒心)인 것이다.

우리는『나』와의 싸움도 하기 전
마왕의 군사들인
생각 번뇌망상(煩惱妄想)에 시달리고

마왕의 세 딸
탐진치(貪瞋痴)에 현혹되어
청정한 의식의 자리(연꽃보좌)에
앉아보지도 못하고 쫓겨나는 것입니다.

마왕 파순이

『나』라는 아상(我相)이라는 실상과

마왕의 세 딸이
탐진치(貪瞋痴) 삼독심(三毒心)이라는
이와 같은 이치(理致)를 깨달아

마왕의 팔만사천의 군사들이 바로
번뇌망상(煩惱妄想)이라는 실상을 깨달아야
참수행의 길로 갈 수 있다.

청정한 의식의 자리에 앉아
대 지혜가 본주(本主)가 되어
스스로 깨달아 부처님과 같이 『나』라는
아상(我相)과의 싸움에서 승리하라는
야운조사의 말씀이 있으니,

인아산붕처(人我山崩處)
나라는 아상의 산이 무너진 곳
무위도자성(無爲道自成)

위없는 도가 스스로 이루어지네.

범유하심자(凡有下心者)

무릇 하심하는 자는

만복자귀의(萬福自歸依)

만복이 스스로 돌아올 것이다.

나라는 아상(我相)이 무너지면 공(空) 자리

청정한 의식의 자리가 드러나니

나라는 아상(我相) 자존심(自尊心)이 없어진 자는

부처님과 같은 복과 덕을 갖추게 된다.

청정한 자리에 앉아

팔정도 수행으로

『나』라는 아상(我相)을 멸하라.

금강경(金剛經)

보살(菩薩) 유아상(有我相) 인상(人相) 중생상(衆生相) 수자상(壽者相)이 즉비보살(卽非菩薩)

보살이 아상 인상 중생상 수자상이 있으면

즉 보살이 아니다.

약보살(若菩殺) 통달무아법자(通達無我法者) 여래
설명진시보살(如來說名眞是菩殺)

만약 보살이 『나』라는 것이 없다는 것을 통달하
는 자, 여래가 설명한 진짜 보살이다.

헌좌진언(獻座眞言)

자리를 드리는 진언

묘보리좌승장엄(妙菩提座勝莊嚴)

묘한 지혜의 자리에 앉아 승리로 장엄을 하나니

제불좌이성정각(諸佛坐而成正覺)

일체 부처님도 이 자리에 앉아 바른 깨달음을 이
루셨다.

아금헌좌역여시(我今獻座亦如是)

나도 지금 이 자리에서 이같이 앉아

자타일시성불도(自他一時成佛道)

나와 타인이 일시에 불도를 성취하리라.

우리는 수행을 하거나 기도할 때

누가 기도하고 수행하려 하는지 알아야 한다.

수자(修子)승이 참선 수행한다고 앉아 있으니
큰스님께서 옆에 앉아 기왓장을 닦고 있다.

수자 스님 왈,
"큰스님, 『왜』 기왓장을 닦아요?"
"응, 너는 『왜』 앉아 있느냐?"
"예, 저는 수행 중입니다."
"그래 뭘 하려고?"
"예, 부처 되려고요."
"그래 나는 기왓장 갈아서 거울 만들려고 한다.
"예? 말도 안 되는 소리,
어떻게 재질이 아니데, 거울을 만들어요."
"그래 너는 무엇이 부처 되려느냐?"

"수행(修行)한다, 하면서도
『나』라는 아상(我相)의 견해(見解)가
마왕이라는 사실도 모르고

내가 수행하여 부처를 이루겠다 하니
어처구니가 없구나.”

『나』라는 아상(我相)으로 아무리 부처가 되려고
참선 수행해도 절대로 부처가 될 수 없다는
실상을 깨달아
『나』를 죽이는 수행을 해야 한다.

그저 『나』를 내세우고
『나』를 드높이려고 자존심을 내세우면
마왕에게 공양 올리고
마왕에게 충성하는 것이다.

내 욕심으로 기도하지 말라.
아무리 내가 기도해도
부처님과 주파수가 맞지 않는다.
나를 내세우지 말라.
초발심 때를 잘 생각해 보라.

몸과 마음 생명까지도 던져놓고
이 몸은 모르오니, 부처님 원력으로
이루어 주시옵소서 하고 기도하라.
부처님과 동체대비심이 되어야
기도성취가 된다.

상대를 의식하는 마음을
『나』라고 착각하여
상대 때문에 내가 속상하다 하지 말라.
원망하는 마음이 생겨나 자리 잡는다.

『나』라는 아상(我相)이 만든 허망한 것이
내 자존심이다.
내 자존심을 건드린다고 화내지 말라.

『나』라는 것은 아상(我相)이며 마왕이다.
『나』를 내세우고 자랑하지 말라.

내가 불사를 많이 했다, 기도 많이 했다,

내가 큰스님 많이 친견했다 하면서
내가 무엇을 잘했다고 자랑하지 말라.
『나』라는 아상(我相)이 하늘 높은 줄 모른다.

"나의 소견이라고 견해를 내세우지 말라.
내 마음속에 분별의식, 아상(我相)만 커진다.

옛 도인들의 말씀에
척(隻) 짓지 말라.
무척(無隻)이라야 잘사는 것이라 한다.

상대와 비교해서 말하지 말라.
잘난 자식 못난 자식 비교하며 꾸짖지 말라.
심중에 증오하는 마음이 싹트면 후일에는
형제간에 분쟁의 요인이 되는 것이다.

마음의 상처를 주지 말라.
상대가 앙심(怏心)을 품으면
해(害)가 되어 돌아온다.

남을 미워하지 말라.
미워하고 원망하는 마음이
가슴에 쌓여 독소를 발생하여
내가 나를 죽이는 것을 귀신도 모른다.

남에게 원억(冤抑)을 짓지 말라.
사람이 아프면 자기 자신을 돌아보지 않고
누군가를 탓하고 상대를 원망하나니
원망하고 억울한 마음에서 병이 생긴다.

이같이 인과응보를 깨달아
『나』라는 아상(我相)의 자존심을
개똥으로 뭉개 버리는 것이 참 수행이다.

인욕바라밀(忍辱波羅蜜) 수행할 때
상대가 나를 업신여기거나 욕을 해도
나를 개똥으로 뭉개 버리면
참고 인욕(忍辱) 할 것이 없다.

제법무아(諸法無我)를 깨달으면
『나』라는 것이 없다는 것을 깨달았으면
『나』라고 내 세울 것이 없으니
『나』라는 자존심도 없는 것이다.
내 자존심(自尊心)이 상했다 하고
자존심이 나오면
나를 개똥으로 뭉개 버려라.
"왜" 본래 『나』라는 것은 없는 것이니까.

상대의 의견은 무조건 믿고
예스 맨이 되어라.
『나』를 개똥으로 뭉개는 수행 방법이다.

청정한 의식으로 깨어있어라.
오감으로 느끼는 생각을 알아차리고
의식(意識)하고 인식(認識)한 생각에
의미(意味)를 더하지 말라.

오감을 청정하게 하라.

나라는 견해(見解)로
오감의 느낌에 의미(意味)를 부여하지 말라.

상대를 의식(意識)하여 예상하지 말고
의미(意味)를 부여하지 말라.
의미를 부여하는 순간
좋다 싫다 분별의식(分別意識)이 작동한다.

색안경을 끼고 세상을 보지 말라.
마음에 고정관념의 의식으로 세상을 보면
좁은 소견이 되어 불평불만이 늘어난다.

마음먹은 것은 육신의 혈(血) 속에 저장된다.
생각하고 마음먹은 것은 육신의 혈(血)
피에 저장되어
상황과 환경이 같아지면 육신이 반응한다.

『나』의 혈(血), 피에는
조상들의 업식(業識)이 유전되어

무의식(無意識) 속에서 작용하기 때문에
청정한 의식의 영적 무덤이 된다.
의식이 청정하게 깨어있지 못하면
『나』라는 아상(我相) 분별의식(分別意識)에 갇혀
영적 무덤 속에 갇혀 답답하고 괴롭다 한다.

『나』라는 아상(我相)의 영적 무덤에
자신(自神)이 갇혀 있어서 답답하다.

답답한 마음을 표현할 길이 없어
우울증이 걸리고
자신(自神)의 영(靈)이
자유롭지 못해서 답답하고 우울한 것이다.

이 영적 무덤인 『나』라는 아상(我相)을
제거해야 청정한 의식이 드러난다.

『나』와의 싸움이란?
『나』라는 아상(我相)을

자존심(自尊心)을 크게 한번 죽이는 것이다.
상대를 부처님으로 여겨라.
그리고 "예" 하고 순종하라.

그래야 『나』라는 아상(我相)의 자존심이
죽는 것이다.

그래야 나와 세상은 간 곳 없고
오직 깨달은 부처만이 존재하는 것이다.
『나』라는 아상(我相), 자존심을 멸하면
불성이 회복되어 부처를 이룬다.

상대를 부처님으로 여기면
상대가 부처님이 되고
나도 부처가 되는 것이다.
이를 자타일시성불도(自他一時成佛道)라 한다

나의 마음을 공(空)으로 돌려라.
『나』라는 자존심이 없어지면

상대가 욕을 해도 화가 안 난다.

억울한 일을 당해도 섭섭하지 않고
못마땅하지 않으니 마음에 장애가 없다.
그때부터 불성(佛性)이 부활(復活)한다.

이렇게 스스로 마음을 지키는 법(法)을
자유율법(自由律法)이라 한다.

『나』를 죽이는 율법이
계행(戒行)을 완성하는 것이다.

『나』가 없는 참『나』를 찾는 법이다.

몸과 마음의 장애(障礙)를
소멸(掃滅)하는 방법으로

1) 몸의 힘을 빼라.
15도 정도 몸을 뒤로 젖히면 호흡은

온몸으로 자동으로 흡입되어 팽창한다.

이때 온몸으로 흡입된 산소를
날 숨 쉴 때 몸을 바르게 세우면서
온몸의 힘을 빼는 것이다.
이때 속 근육 뭉친 것이 풀어진다.

몸의 느낌을 관찰하고
몸의 힘을 빼는 것이다.

2) 마음을 내려놓으라는 것은?
생각을 그냥 놓아라.
마음을 쉬라는 것이다.
생각이 일어나는 것을 알아차리고
청정한 의식(意識)이 생각을 인식(認識)하여
의미를 더하지 말고 놓아라.

3) 깊은 호흡법으로 염불하면서 힘을 빼는 것이다.

염송하는 소리가 온몸으로 가득하면
공성(鞏聲)이 되어 염불하는 소리가
온몸으로 공명(共鳴)이 되어
몸과 마음의 죄업장(罪業障)은 사라지고
환희심으로 가득하여진다.

염불하는 부처님의 명호가 공명(共鳴)으로
온몸에 가득하면 분별심이 없어져
동체대비심(同體大非心)으로 부처님의 마음과 일
체가 된다.

4) 참회 기도하면서 절 수행 하라.

아마도 3000배를 하면은
몸의 힘이 빠지기 시작한다.
진솔하게 참회가 되면
마음의 고정관념도 힘이 빠져 공심(空心) 된다.
몸의 습관과 마음의 습관,
고집불통의 업식(業識)을 멸(滅)하는 방법으로...

깊고 깊은 호흡법으로
몸의 습관과 느낌을 관찰하고
어떠한 감정에 몸이 반응하는지 관하라.

깊은 호흡법으로 생각을 알아차리고
무슨 생각에 『나』라는 의식이 욕심을 내는지
화를 내고 반응하는지 관하라.

몸이 반응하는 습관과
『나』라는 의식이 반응하는
생각과 마음을 알아차려
정 반대 생각하고
정 반대 마음먹고 행동하라.

『나』의 자존심을 멸(滅)하는 방법은
상대에게 무시를 당할 때
상대에게 모욕감과 창피함을 당할 때
못마땅하고 화가 나는
나의 마음을 알아차리고

이러한 마음이 『나』라는 아상(我相)이며
『나』라는 자존심이구나 하고

『나』라는 자존심을
"참 나"라고 착각하고 있구나 하고
『나』라는 마왕을 알게 해주시고
쌓인 죄업을 알아서 멸해주시니,
'상대 부처님 감사합니다'하고
감사 기도하라.
이것이 진짜 감사기도이다.

좋아하는 마음 먹지 말라.
좋아하는 마음이 일어나면
반드시 욕심이 생긴다.
욕심의 마음을 먹으면
마왕에게 공양하는 것이 되나니
이를 깨달아 좋아하는 마음을 내려놓아라.

못마땅하고 미워하는 마음 먹지 말라.

못마땅하고 미워하는 마음을 먹으면
『나』라는 분별의식이
주체가 되어 습관이 된다.

마음의 습관대로 생각대로 마음먹지 말고
정 반대 마음먹어라.
이것이 마음의 힘을 빼는 방법이다.

기도할 때『내』가 기도하면 안 된다.
『나』라는 아상(我相)의 마음자리와
부처님의 마음자리가 있다.

내가 기도해서 부처님께 얻으려고
기도하지 말라.

"오직 부처님이 이 몸과 마음을 주장하시고
부처님의 원력으로 부처님의 뜻을 이루어 주옵
소서!" 하고 기도하라.
이 기도가 부처님께 공양 올리는 기도이다.

깨진 독에 물 채우듯이 던져라.
부처님의 마음 바다에 몸과 마음 생명까지 던져
부처님의 뜻만 이루어 주옵소서 하고
부처님 마음 바다에 다 던져 기도하라.

수행하는 것도 내가 수행하면 안 된다.
아상(我相)을 키워 마왕(魔王)이 자란다.
기왓장을 갈아서 거울을 만들려는가?

『나』라는 주체의식이
아상(我相)이요, 자존심이다.

『나』의 뜻대로 하던 생활 습관
내 마음먹는 대로 하려는 습관
『나』의 고집대로 하려는 고집불통
이 모든 것이 『나』라는 아상(我相)이니
내 마음대로 생활하던 습관을 깨버려라.

나의 아상(我相), 자존심(自尊心)의

정 반대로 행(行)하라.
가장 강한 자존심을 크게 한번 죽여라.

속지 말고, 착각하지 말라.
『나』라는 아상(我相)을 크게 한번 죽이면
다시 공(空)으로 돌아가 청정한 의식으로
부처님의 이 자리에 앉으면
여여(如如)하여 한적한 도인이 된 것이나
속지 말라.
한번 나를 이겼다고 끝이 아니다.
이때는 인상(人相)이 발동하여 아는 체하고
'자신이 깨달았다' 변설(辨說)이 자자하다.

내가 이렇게 도(道)를 이루었다 하고
인상(人相)의 집(集)을 짓는다.
중생상(衆生想)이 일어나
내가 자비를 베풀어
중생을 구한다고 자비보살로 사칭한다.

이근원통(耳根圓通) 수행하라.
청정한 의식으로 세상을 바라보고
세상의 소리를 듣는 수행을 해야 한다.

청정한 의식의 눈으로 세상을 보라.
세상을 내 몸 안에 놓고 보라.
세상을 내 마음 안에 놓고 보라.
마음의 눈이 떠지면 천안통(天眼通)이
열리고 천리(千里) 밖의 세상과
불(佛) 지혜의 세상을 바라볼 수 있다.
눈의 감각을 청정하게 하라.

정견(正見)

청정한 의식의 귀로 세상의 소리를 들어라.

세상의 소리를 내 몸 안에 놓고 듣고

세상의 소리를 내 마음 안에 놓고 들으면

마음과 소리가 원통이 되면

천리(千里) 밖의 소리도

보는 듯이 분명하게 보이고 들린다.

천이통(天耳通)이 열리는 것이다.

알아야 면장을 한다.

어두워 모르면 두렵다.

소리의 근원을 모르면 두려워하고 놀란다.

이는 소리의 근원을 알아차리면 두렵거나 놀라

지 않는다.

내가 내 세우는 이 자존심(自尊心)이,

『나』라는 아상(我相)이 마왕이라는 실상을

분명하게 알면

탐진치(貪嗔痴) 삼독심(三毒心)에 유혹되지 않는
다.
그래서 마음공부와 수행은 항상 겸해야 한다.
마음공부를 하면 마음의 정체를 알고
마음이 일어나는 원리를 깨우치고
청정한 의식으로 깨어있어
실상을 분명하게 안다.
이것이 참 마음 수행 방법이다.

11. 마음공부

종교(宗教)에서 가르쳐야 할 덕목(德目)이
마음을 먹고 쓰는 마음 법이다.

몸과 마음의 병을 치료하고 싶은 사람이거나
마음의 상처가 많아 괴롭고 고통스러운 마음에
서 벗어나고자 하는 사람
지옥에 가기 싫은 사람이나 천국에 가고 싶은 사
람은
반드시 마음공부 하라 하세요.

물은 같은 물인데
독사가 먹으면 독을 생성하고
젖소가 먹으면 젖을 생성한다.

향을 쌓은 종이에서는 향내가 나고
생선 쌓은 종이에서는 비린내가 난다.

선인선과(善因善果) 악인악과(惡因惡果)라.
선한 마음 먹으면 선과(善果)가 열리고
악한 마음 먹으면 악과(惡果)가 열리나니
인간은 선악과(善惡果)라는 마음의
과일을 매일 먹고 사는 것입니다.

마음먹기에 따라 자신의 심성(心性)에
선한 마음 먹으면 선신(善神)이 자라고
악한 마음 먹으면 악신(惡神)이 자랍니다.

선한 마음 먹어야 선신(善神)이 되어 천국에 갈
수 있고
악한 마음 먹으면 악신(惡神)이 되어 지옥으로 떨
어진다.
내 안에 악이 가득한 고로 악이 나온다.

악이 가득하면 죄업으로 지옥에 떨어진다.
그래서 마음공부를 하라 하는 것입니다.

세상에서 행복하게 살려고 하면
마음공부를 해야 한다.
왜냐면 마음먹는 대로 이루어지기 때문입니다.

오늘 봉정암에 올라오는 길이
즐거웠나요, 아니면 힘들었나요?

힘들어 혼난다고 하는 사람은 천근만근 짜리
짐을 지고 올라와서 힘이 든 것입니다.

천근만근의 짐이 무엇인지 아시나요?
인생 고뇌의 무게,
보이지 않는 마음의 무게입니다.
보이지도 않는 마음은 『왜』 그렇게 무겁나요,

오늘은 이 인생 고뇌의 무게,
천근만근이나 되는 마음의 무게를 어떻게
내려놓고 닦을 것인지 알아보고
또 이 마음의 정체가 무엇인지

마음공부를 해 보겠습니다.

마음공부 하려면
1) 마음이 어디에 있는지 알아보고
2) 무엇으로 마음을 닦을 것인지, 마음먹는 것인
    지
3) 보이지도 않는 마음, 무엇을 마음이라 하는지
4) 마음의 능력과 그 정체는 무엇인지
5) 마음이 일어나는 원리를 알아 가는 것이, 마
    음의 정체를 알아 가는 것이 마음공부입니다.

〈질문〉

마음은 어디에 있나요?
가슴을 가리키고, 또는 생각에 있다, 하고…
    어느 날 행자승이 큰스님께 묻기를
    "스님, 마음은 어디에 있나요?

    자신의 가슴속에 있나요?
    생각 속에 있나요?

아니면 콩밭에 가 있나요?”

딱!
“아야!”
“요놈아, 마음은 여기에 있다.”

“이 아픈 마음은 어디에서 나왔느냐?
머리에 있었느냐?
죽비에 있었느냐?”

손뼉을 딱 치고
“이 소리는 본래 있었느냐?”
“아니요.”
“그럼?”
“예, 손과 손이 부딪치면서 생겼지요.”
“그래! 여기 사과를 보라! 무슨 마음이 일어났
느냐?”
“예, 먹고 싶은 마음이 일어났습니다.”
마음은 어떻게 일어나는가?

인과 연이 만나서 한 마음이 일어나는 것
즉 견물생심(見物生心)이라고도 한다.

이 법문을 듣는 즉시 깨달아야 합니다.

마음은 본래 주체가 없어 정해진 이름이 없다.
다만 마음 바다의 정보가 오감(眼耳鼻舌身)의 기능
에 유입될 때
느낌으로 생각이 일어나는 것이다.

이 느낌으로 일어나는 생각의 정보를
의식(意識)이 인식(認識)하는 순간
의미(意味)를 더하고 인식(認識)하는 대로 마음을
먹고
그 마음을 다시 자신의 견해대로 이미지를 더하여
말과 행동으로 드러내는 것이 인간의 마음이라
한다.

그 생각을 표현한 것이 그 사람의 마음이다.

그래서 마음이란 생각의 표현이고 말과 행동은
먹은 마음의 표현이다.

그래서 마음은 어디에 있나요?
인식(認識)하는 곳에 있는 것입니다.

〈문제〉
싸우면 누가 이기나?
마음을 살펴보면
우리의 인생사가 찰나 찰나 마음의 싸움을 한다.

여기에서 부처님의 마음인 동체 대비심의 마음인
불성(佛性)을 하얀 놈이라 하고요.

너 나를 분별하고 상대를 못마땅하게 여기는 마
음인 분별심을 까만 놈이라고 한다면 ,,,

하얀 놈과 까만 놈이 싸우면 누가 이길까요?
정답은 내가 편드는 놈이 이깁니다.

왜! 내가 하얀 마음 먹으면 하얀 놈이 이기고
내가 까만 마음 먹으면 까만 놈이 이기는 것입니
다.

사람이 마음먹는 대로 마음이 자란다.
싸워서 진 자는 이긴 자의 종이 되므로...

불성(佛性)이 이기면
내 속에 불성(佛性)이 자라 부처가 주인이 되고

분별 의식이 이기면
내 속에 아상(我相)이 자라서 귀신(鬼神)이 주인이
된다.

마음은 닦는 것인가 아니면 먹는 것인가?

마음 수행한다고 하는데
마음이 어디 있는지 알아야 마음을 닦고,
또한 무엇으로 마음을 닦는 것인가?

콩밭에 가 있는 마음은 어떻게 닦나요?

어느 날 행자승이 큰스님께 묻는다.
"스님, 마음을 어떻게 닦아요?"

마음을 닦을 수 있나?
마음은 닦는 것이 아니고 먹는 것이다.

수자(修子) 스님이 참선 수행한다고 앉아 있으니
큰스님께서 옆에 앉아 기왓장을 닦고 있다.

수자 스님 왈!
"큰스님,『왜』기왓장을 닦아요?"

“응 너는『왜』앉아 있느냐?”
“예, 저는 마음 수행 중입니다.”
“그래 뭐 하려고?”
“예, 부처 되려고요.”
“그래, 나는 기왓장을 갈아서 거울 만들려고 한다.”
“말도 안 되는 소리, 어떻게 재질이 아니데 거울
을 만들어요.”

“그래 너는 무엇이 부처 되려느냐?”

『나』라는 놈이 앉아서 아무리 수행해도
부처 못 된다.
선한 마음을 먹으면 선과가 열리고
악한 마음을 먹으면 악과가 열리니
부처님 마음먹으면 닦을 것, 수행할 것도 없다.

보이지 않는 마음, 무엇을 마음이라 하는가?

아무리 찾아도 보이지도 않는 마음,
어떻게 생겼는지 알아야 마음을 닦지요.

달마대사는 양무제를 만남에서
불교 정법의 시기가 아직 아님을 알고
숭산 소림굴로 들어가 벽을 마주하고 앉아
불법을 수행하니 많은 사람이 찾아왔다.

사람들을 만나면 나는 가슴이 아프다.
바라보는 것조차 큰 아픔이다.
하지만 벽은 원래 듣지 못하니
내 가슴이 아플 이유도 없다.

누군가 행동으로써 내 제자가 될 자질을 보였을
때
그때에만 나는 고개를 돌릴 것이다.
나의 제자가 될 자격을 갖춘 사람이 아니라면

아무도 만나지 않겠다.

그 뒤로 사람들이 찾아와서 달마대사의 등 뒤에
앉아 있곤 했지만,
결코 얼굴을 돌리는 법이 없이 9년의 세월이 흘
렀다.

신광스님은 남쪽으로 내려와 벽관달마(壁觀達磨)
의 소식을 듣고
달마대사를 찾아와 제자가 되기를 청하였다.

뒤도 돌아보지 않자
해가 저물고 삭풍이 눈까지 내리는 아침까지
구도일념(求道一念)으로 기다리니
마침내 달마대사가 신광스님에게 묻는다.

달마:
"그대는 어찌하여 눈 속에서 서 있는가?"

신광:

"큰스님의 자비로운 감로 법문으로
저의 미혹의 마음을 깨우쳐 주십시오."

달마:

"부처님의 무상도(無上道)를 이루기 위해서는
아주 오랜 세월에 걸쳐 정진이 따라야 하는 법,
어찌 조금 안다고 자만심을 가지고
무상묘도(無上妙道)를 얻고자 하느냐!"

이때 신광스님이 칼을 꺼내 왼쪽 팔을 자르니
눈 덮인 땅에서 파초잎이 솟아나 끊어진 팔을
받쳤다고 합니다.

신광:

"이것은 시작일 뿐입니다.
제 마음이 아직 편치 않습니다.
저를 제자로 받아들이지 않는다면

제 머리를 잘라서 던지겠습니다."

달마:
"그대야말로 진정한 나의 제자다.
이제 머리를 자를 필요가 없으니
그 편치 않은 마음을 가져오너라."

신광:
"마음을 찾고자 하나 찾을 수가 없으니
어떻게 바치오리까?"
달마:
"마음이란 불가득(不可得)이라.
이미 네 마음이 편해졌노라."

달마대사의 이 말에 신광스님은 크게 깨닫고
혜가(慧可)라는 법명을 얻어 중국 선종의 2조가
되었으며 중국 소림사에서는 왼팔이 없는
혜가스님을 기리기 위해 오른손으로만
합장하게 되었다고 합니다.

이같이 마음이란 불가득(不可得)이라.
보이지 않는 마음, 무엇을 마음이라 하는가?

찾아도 보이지 않고, 있다 할 수도 없고,
없다 할 수도 없는 마음을 신통 묘용이라 한다.

그래서 마음이란
어떻게 생겼다고 고정된 실상, 주체가 없는 것이
다.
『왜』인연 따라 환경에 따라 각자의 생각을 아는
만큼 자신의 견해대로 표현하기 때문이다.

마음 바다에서 정보가 오감(五感)으로 유입되면
느낌으로 생각이 일어나고
이 생각의 정보를 의식(意識)이 인식(認識)하면 마
음을 먹는다.

이 생각을 인식(認識)하여 마음을 먹으면
자신의 견해(見解)가 되어

이를 나의 마음이라고 내어놓는다.
그래서 마음이란 고정된 실상, 주체가 없는 것이
다.

인간의 마음은 고정된 실상, 주체가 없는 고로
신(神)이 통(通)하는 문이라 한다.

마음은 신(神)이 통(通)하는 관문이다.

무당이 귀신을 접속하여 생전 모르는
조상의 말을 하는 것은
마음은 정보의 바다이며
신(神)이 통(通)하는 관문인 고로 가능한 현상이
다.
자신(自神)의 의지(意志)가 견고(堅固)하지 못하고
정신(精神)을 차리지 못하면
마음에 틈이 생겨 마(魔)가 침노하나니
정신(精神) 차려 청정한 의식으로 항상 깨어있도
록 하라.

이것이 정정진(正精進) 마음 수행이다.

벽극풍동(壁隙風動)
벽에 틈이 생기면 바람이 들어오고
심극마침(心隙魔侵)
마음에 틈이 생기면 마가 침범한다.

자신(自神)이 청정한 의식으로 깨어있지 못하면
마음의 정보가 오감으로 느껴질 때
온몸으로 무서운 느낌이 오거나
두려운 느낌으로 생각이 일어나면
의식이 이 생각을 인식하여
그 전에 들은 이야기나 경험했던 기억으로
상상하여 두려움과 공포감이
나의 마음 공간에 자리를 잡기 때문에
틈이 생겨 마가 침범하는 것이다.
이때 인간은 무엇인가에 의지하려는
신앙심(信仰心)이 생겨, 타신(他神)에 의지한다.

그래서 두려움으로 가득한 마음에
타신(他神)이나 귀신(鬼神)의 정보가 유입되면
타신(他神)이나 귀신(鬼神)이 자리를 잡는다.

마음은 정보의 바다이므로 신(神)이 통(通)하는
관문인 고로 타 신(神)의 의식으로 전도되어
나의 인생으로 살지 못하고
타 신(神)의 의식으로 살게 되는 것이다.

생각을 의식(意識)이 인식(認識)하는 만큼
내가 상상하여 이 생각에 의미를 더하여
두려워하고 무서워하는 마음 먹고
자신이 먹은 마음에 사로잡혀 두려워하는
마음의 종으로 살아가는 것이다.

이는 모두 내가 상상으로 만든 마음이라는 것을
깨달아 청정한 의식을 회복하면
두려움과 공포심은 자연 소멸(掃滅)한다.

자신(自神)이 청정한 의식으로 깨어있을 때
마음의 정보를 오감으로 소통할 때
일어나는 생각을 분명하게 알아차려야 한다.

자기 자신(自神)의 청정한 의식을 믿고
환희심으로 신명(神明)이 나면
마(魔)가 침범하지 못하나니 그래서
청정한 의식으로 항상 깨어있어야 한다.
이것이 정정진(正精進) 수행이다.
그래서 팔정도(八正道) 수행을 해야 한다.

마음의 정체는?

마음은 정보의 바다이다. 마치 바다와 같이
일체 정보가 저장된 곳이 마음이다.
그래서 마음은 주체가 없는 것이고
수많은 정보가 가득 수록된 저장고이다.
그래서 마음을 법계(法界)라 한다.

마음을 법계라 하고 정보의 바다라 한다.

마음 바다란?
많은 정보를 품고 있기 때문이다.
마음 바다에 정보가 오감(五感)에 유입될 때
느낌으로 생각이 수없이 일어나지만,
의식(意識)이 인식(認識)하지 않으면
물 흐르듯이 그냥 흐른다.
자신(自神)의 의식(意識)이
오감(안이비설신(眼耳鼻舌身))을 통하여
마음 바다에서 정보를 소통 받아
느낌으로 수 없는 생각이 일어나고
이 생각의 정보를 의식(意識)이 인식(認識)하는 순간
생각의 정보대로 마음을 먹는 것이다.

어느 때 보면
눈으로 보면서도 인식하지 못하고
옆에서 부르는데도 다른 생각에 잠겨있으면
의식(意識)이 인식(認識)하지 못해
못 보고 못 듣는 것이다.

그때 오감(五感)으로 유입되는 정보를
의식(意識)이 인식(認識)하면 생각을 알아차리고
이 생각을 인식(認識)하여 마음을 먹으면
자신의 견해(見解)가 되어
이를 나의 마음이라고 내어놓는 것이다.

『왜』마음 바다에서 정보를 취하여 쓰기 때문에
마음이라고 이름한다.
이것이 마음의 정체이다.

그래서 마음이란?
어떻게 생겼다고 고정된 실상, 주체가 없는 것이
다.
『왜』인연 따라 환경에 따라 각자의 생각을
아는 만큼 자신의 견해대로 표현하기 때문이다.

지금 먹은 마음이 『나』 자신의 운명을 좌지우지
한다.
마음을 어떻게 먹느냐에 따라 능력이 나타난다.

마음의 정보를 의식(意識)이 인식(認識)하여
내가 만들어 쓰는데
마음이 신통(神通)하게 내 인생을 좌지우지(左之右
之)하는 주인이 된다.
마음은 보이지 않지만 신통(神通)한 조화를 부린
다.
어떠한 환경에서 보고 배우고 알았느냐에 따라
생각이 일어나고 마음을 먹는다.
주변 환경에 따라 보고 듣고 생각하는 견해가 다
르고
어떠한 사상으로 무장하느냐에 따라 사람이 변
한다.

그리고 일체유심조(一切唯心造)라.
일체가 오직 마음의 조화이다.
생각하고 상상하여 먹은 마음이 세상을 창조합
니다.

마음의 바다에서 정보를 잘못 취하면

생각을 잘못하게 되고
생각을 잘못하여 마음먹으면 인생이 고달프다.
내 인생을 좌지우지(左之右之)하는 것이 마음이
다.

생각으로 아는 만큼 마음먹고
어떠한 생각을 하느냐에 따라 마음먹는다.

어떠한 마음을 먹고 사느냐에 따라
자신(自神)의 신성(神性)이 밝아지기도 하고
죄업(罪業)으로, 귀신(鬼神)으로 타락하기도 한다.

마음은 보이지 않지만 신통(神通)한 조화를 부린
다.
이 마음에 따라 사람이 변하는 것이다.

그래서 청정한 의식으로 마음 바다에서
정확한 정보를 취하여 생각하고
생각을 사유하여 마음의 정체를 알고

마음먹는 것이
참 마음 수행이라 하는 것입니다.

다 자신의 인과응보(因果應報)이다.
몸과 마음에 병이 생기는 것도
생각을 잘못하여 마음먹어서 생긴 병이다.

사람이 미워서 괴로운 마음과 마음 상처의 고통
도
자신이 생각을 잘못하고 마음먹어서 생긴
인생의 고락(苦樂)이다.

사람이 죽어서 천국에 가는 것도
지옥에 떨어지는 것도
자신이 어떠한 마음을 먹고 살았느냐에 따라
지옥(地獄)과 천국(天國)이 결정되는 것이다.

선한 마음을 먹는 사람은 청정한 의식으로
선신(善神)이 되어 천상(天上)에 태어난다.

악한 마음을 먹는 사람은 죄업으로 귀신(鬼神)이
되어
어둠의 세계, 지옥으로 떨어진다.

마음이란?
신통(神通)하게 변화를 자주 합니다.
사람은 이중적 마음을 먹고 산다.
생각을 아는 만큼 마음먹고
정보를 아는 만큼 사상과 견해가 수시로 변하는
것이다.

물질문명의 발전을 보면 알 수 있다.
원소를 아는 만큼 사람의 사상과 생각이 변했다.
이제는 양자역학으로 사람들의 사상이 변하기
시작했다.

물질문명에서 보이는 것만 믿던 마음이
양자역학으로 보이는 것이 허무하다는 것을 알게
되고 보이지 않는 세계의 것이 무한하다는 것을

깨닫기 시작했다.

부처님께서는 벌써 3천 년 전에 이미
양자역학을 설명하신 것이다.
그래서 인간은 신(神)이 타락한 존재이며
보이지 않던 신(神)이 보이는 실상으로
나타난 것이 인간이다.

자연에 따라 변하고 주위 사람에 따라 변하고
이익과 손해를 견주어 변하고
마음은 신통하게 자주 변화를 꽤 하는 것이다.

그래서 이중인격자라 말하지만
누구도 이 틀에서 벗어나지 못한다.
이 세상을 살아가는 사람의 마음이 요상한 것이
다.

마음은 어떻게 일어나는가?

마음 바다의 정보가
안이비설신(眼耳鼻舌身)의 오감(五感)에 접촉되어
감각기관이 작동되면 느낌으로 생각이 일어난다.

이 느낌으로 일어나는 생각의 정보를
의식(意識)이 인식(認識)하는 순간
행(行)위가 일어나
의식(意識)이 의미(意味)를 더하고 분별하여
인식(認識)하는 대로 마음을 먹고
그 마음을 다시 자신의 견해대로 이미지를 더하여
말하고 행동으로 드러내는 것이
인간의 마음이라 합니다.

이렇게 마음이 일어나는 원리를 배워
몸과 마음의 병을 치료하거나
마음의 상처가 많아 괴롭고 고통스러운
마음에서 벗어날 수 있는 것입니다.

생각이 일어나는 원리
마음 바다, 즉 우주 법계의 정보가
안이비설신(眼耳鼻舌身)의 오감(五感)에 접촉되면
느낌으로 생각이 일어나는 것이라,

마치 레코드판에 녹음된 노래처럼
전류가 흘러 축음기의 바늘이 닫는 곳의
녹음된 노래가 나오듯이 생각이 일어나는 것도
이와 같습니다.

그래서 생각이란?
바로 마음 바다의 정보들이다.

우주 법계의 공간(=마음 바다 공간)의 정보가
나의 마음 공간에 일체로 소통되기 때문에
오감(五感), 안이비설신(眼耳鼻舌身)의 느낌의
작용으로 영감(靈感)으로 일어나는 것이
생각의 근원입니다.

내 마음의 공간에는?
과거의 인식·행위·경험·학습 등으로 기억되어
잠재력으로 저장되어서 내 마음의 공간이라 한다.

내 마음의 공간에 저장된 기억은
같은 정보가 오감에 접촉되면
같은 생각을 일으키는 종자가 된다.

내 마음 공간에 저장되기에 이를 함장식(含藏識)
이라 말하기도 하고
이를 마음의 업식(業識)이라 하여
제 팔식 아뢰야식(阿賴耶識)이라 하기도 한다.
마음 바다란?
지수화풍(地水火風)의 원소가 인연화합(因緣和合)
으로
육경(六境) 육진(六塵) 즉 색성향미촉법(色聲香味觸
法)의
정보로 가득한, 우주 법계를 말합니다.

인식(認識) 작용이란?
마음 바다, 우주 법계의 정보, 색성향미촉법(色聲
香味觸法)의 정보가
안이비설신(眼耳鼻舌身)의 오감으로 유입되면
느낌으로 생각이 일어나는 것을
의식(意識)이 인식(認識)하는 작용이다.
안이비설신의(眼耳鼻舌身意) 육근(六根) 중에
식(識)이 바로 자신의 의식(意識)이며 정신(情神)이다.

이 정신이 느낌을 인식하여 생각을 알아차리는
것이다.
그래서 정신(情神) 차려 이 친구야 하는 것이다.
이 세상 공간에는 온갖 정보가 가득하다.
그 정보가 바로
육진(六塵), 육경(六境)이라고도 한다.

이 세상, 공간의 정보는
지수화풍(地水火風)의 인연화합(因緣和合)으로
색성향미촉법(色聲香味觸法)의 육진(六塵)이

우주 법계의 정보가 된다.

인간의 육신(肉身)은 이 세상의 정보,
육경(六境)의 정보를 받아들이는 감각기관을
갖고 있다.
안이비설신의(眼耳鼻舌身意)를 육근(六根) 이라 한다.

인간의 의식(意識)이 일어나는 작용이 바로
안식(眼識) 이식(耳識) 비식(鼻識) 설식(舌識)
신식(身識) 의식(意識)으로 육식이라 한다.

육식(六識)은?
육근(六根)의 감각작용으로 느낌으로 일어나는
생각을
의식(意識)이 인식(認識)하는 행(行)위가 일어나
의식(意識)이 의미(意味)를 더하여 다시 생각을
만들어 마음을 먹고 새로운 이미지를 더하여
마음 세계를 창조하는 식(識)이 의식(意識) 작용이
다.

의식(意識)이 인식(認識)하지 못하면
생각은 문득 일어났다 사라진다.
그래서 무상(無常)이라 한다.
제행무상(諸行無常)
이 생각을 의식(意識)이 인식(認識)하여
자신의 견해와 만나면 욕망의 갈애(渴愛)로
수많은 생각이 번뇌망상(煩惱妄想)으로
잠을 못 이루게 하여 에너지를 소모한다.

그래서 수행자는
생각이 일어나는 순간을 알아차려
청정한 의식으로
견해의 분별의식은 내려놓아야 합니다.

이 세상에 지혜로운 사람은
생각을 알아차리고 생각을 사유하여
생각 속에 세상을 이끌어 가는 지혜를 구하고,
슬기로운 사람은
생활 속에 불편한 도구들을 새로운 생각으로

새로운 발명품을 만들어 생활에 편리함을 추구
하며
세상을 이끌어 가는 지혜로운 사람이 되는 것입
니다.
의식(意識)이 생각을 인식(認識)하여 행(行)위가
일어날 때 그 생각에 의미(意味)를 더하고
마음먹으면 기억 속으로 저장되어 자신의 견해가
되어 다음 생각을 일으키는 소재가 되기도 합니
다.

나의 마음이란?
생각이 일어날 때 육식(六識)에서 이 "뭐꼬" 하는
분별의식으로 '이것이 무엇이다' 하고 결정지어
마음먹으면
나의 공간 저장창고에 저장되어
생각을 일으키는 업식(業識)의 뿌리가 된다.

이 업식(業識)은 나의 견해가 되어
곧 『나』라고 하는 아상(我相)이 되어

내 마음이라고 다시 세상에 내놓는다.

젖소가 물을 먹으면 우유를 만들어 내어놓고
독사가 물을 먹으면 독을 만들어 내어놓는다.

사람은 어떤 마음을 먹느냐에 따라
마음 작용에 따라 말과 행동이 나오는 것이다.
그래서 참 마음공부를 해야 합니다.

마음공부를 마치면
반야심경이 깨우쳐지고
오온(五蘊)이 공하다는 것을 깨우쳐
금강경의 제법무아(諸法無我)를 깨우쳐
성불하세요.

12. 참회 수행 방법

마음 수행하는 방법에는
마음을 닦는 참회 수행법과
마음을 먹는 방법이 있다.

참회 수행은 어떻게 해야 하는가?
말로만 참회하지 말고,
진심으로 참회해야 한다.

무엇을 진(眞) 참회(懺悔)라 하나요?
『왜』 몰라요?
천수경 잘 알지요.
"예."

죄무자성종심기(罪無自性從心起)
죄에는 자성이 없어 마음 따라 일어난다.
심약멸시죄역망(心若滅時罪亦亡)

만약 마음이 멸할 때 죄도 역시 망한다.
죄망심멸양구공(罪亡心滅兩俱空)
죄가 망하고 마음이 멸하여 함께 공한 상태를
시즉명위진참회(是卽名爲眞懺悔)
이를 이름하여 진 참회라 한다.

죄도 마음도 다 멸하여 비어있는 자리
공(空)으로 돌아가는 것이 진 참회라 합니다.

진 참회라는 것이 마음이 멸하고 죄도 멸하여
공(空)이 되어야 한다는 것을 알았으나
평생 참회만 하고 평생 회계만 하는 종교인들이
만약 어린아이들이 한 가지 잘못을 3번만 하면
멍청하다 어리석다 하며 야단을 치면서
자신들은 똑같은 잘못을 평생 하면서
부처님과 하나님께 매주 회계합니다, 참회합니
다. 하고
부처님께, 하나님께 기도하오니 무엇을 이루어
달라하고 소원하니…

염치도 없다.

염치없는 짓 그만하고
참회에서 다음 단계로 넘어가는 참회 방법과
마음을 잡는 보살 수행법을 공부하고자 합니다.

진(眞) 참회(懺悔)하는 방법이 무엇인가요?

참회(懺悔)에는
이참(理懺)과 사참(事懺)으로 나눈다.

1. 이참(理懺)이란?

마음공부 하여
마음이 일어나는 이치를 깨달으면
참회가 된다.
바로 십이인연법(十二因緣法)을 공부해야
마음공부가 된다.
마음공부는
1) 마음이 어디에 있는지 알아보고

2) 마음을 닦을 것인지, 마음먹는 것인지 알아야
   하고
3) 보이지도 않는 마음, 무엇을 마음이라 하는지
4) 마음의 능력과 그 정체는 무엇인지
5) 마음이 일어나는 원리를 알고 마음의 정체를
   알아 가는 것이다.

마음은 공(空)에서 왔다 공(空)으로 돌아가나니
이 이치를 깨달으면 참회가 된다, 합니다.

2. 사참(事懺)이란?

내가 짓는 죄업(罪業)을 뿌리 뽑는 것이다.
내가 지어놓은 죄업(罪業) 알고 죄업(罪業)을
참회(懺悔)하는 것을 사참(事懺)이라 한다.
내가 먹은 마음이 쌓이고 쌓여서 건드리면 올라
온다.
이렇게 쌓인 마음을 씻어내는 방법이 참회수행
이다.

저 사람만 보면 못마땅하고 화가 나서 미치겠다.
저놈의 자식을 보면 못마땅해서 화가 난다.
이는 저놈의 자식이 자신이 기대했던 기대치에
못 미치거나
그 사람과의 관계가 자신과 의견이 맞지 않아
내가 먹은 불평불만이 쌓인 마음이다.
그래서 이 쌓인 마음을 씻어내고 소멸하여
본래 공(空)으로 돌리는 수행이 참회 수행이다.

사참(事懺) 수행에는 3가지가 있다.

1) 작법참회(作法懺悔) : 법을 짓는다.
　부처님의 경전을 사경하고 원력을 깨우쳐,
　부처님의 법과 부처님의 원력으로 장엄하고
　자신의 마음에 장엄하여
　부처님 마음 먹는 것이다.

2) 관상참회(觀相懺悔)
　일심(一心)으로 부처님을 관하면서 정근하면

부처님의 원력으로 죄업(罪業)을 소멸해 준다.

3) 사유참회(思惟懺悔)
　　내 생각을 정사유(正思惟)하여 다시 생각하고
　　상대 입장에 서서 내 생각에 대하여
　　나를 설득시켜 내려놓는 것이다.

　　상대와 비교해서 못마땅한 마음 먹고
　　내 마음대로 안 되면 미워하는 마음 먹고
　　상대가 하는 말에 자존심이 상해서 화내고
　　이는 자신 스스로 스트레스다 생각하고
　　내 마음에 내가 받아들여서
　　내가 감당하려니 스스로 괴롭다, 고통스럽다,
　　힘들다는 생각이 들어 상대를 원망하는
　　마음이 쌓인 것을 참회하는 것이다.

　　이같이 일어나는 생각들을 자신의 자존심이라
　　생각하고 마음먹고 상대에게 신구의(新舊醫)
　　삼업(三業)을 지은 죄업을 참회하고 또 참회하여

공(空)의 자리로 돌리고 또 돌아가는 것이
참회 수행 방법입니다.

1) 작법참회 : 법을 짓는다.

불경을 사경하여 부처님의 원력으로 장엄하며
이는 부처님의 법을 듣고 부처님의 이념과 사상
으로 새롭게 무장하여
중생의 마음 먹지 않고 부처님의 마음을 먹는 것
이다.

봉정암에 오시면 물이 아주 맑고 맛있지요?
"예."

그럼 문제 하나 드리겠습니다.
답을 맞히면 부처님께서
소원 한 가지를 들어 주신다 합니다.

여기 둥근 유리 항아리가 있어요,

이 항아리에 봉정암 맑은 물을 가득 담아서
여기 올려놓고 이 물을 한 컵만 먹으면 만병이
다 낳는다 하면
아마 너나 할 것 없이 우르르 달려 나올 것입니다.
그럼 난리가 납니다.
물을 먹기 전에 항아리가 깨지기 쉬우니 조심하
세요.

그런데 이 스님이 좀 심술 궂게 생겼지요?
그래서 물을 먹으러 오면 흙을 한 주먹 쥐어서
이 항아리에 넣고 흔들면 물이 어떻게 변할까
요?
예, 흙탕물이 됩니다.

그럼 문제를 드리겠습니다.
이 흙탕물을 어떻게 하면 맑혀서 먹을 수 있을까
요?

"기다리면 됩니다.

가라앉히면 물이 맑아집니다.”

‘가라앉히면 물이 맑아진다.’
지금까지 다 그렇게 배웠지요.
참선하고 명상하여 마음을 가라앉힌다.

이 답은 점수로 따지면 100점 중에서
50점도 안 됩니다.
그러니 정답이라 할 수 없는 것입니다.

왜냐하면
바로 가라앉히면 물이 맑아지는 건 맞아요.
그런데 불자님들이 물을 먹으려 하면
제가 어떻게 할 것 같아요?
저를 잘 보세요.
장난꾸러기에 심술 궂게 생겼잖아요?
“예.”
(여기저기서 웃음 한바탕)

불자님들이 물을 먹으려고 나오면
제가 심술을 부리는데
물을 흔들어 버리는 것입니다.
그럼 다시 흙탕물이 되지요.
"예, 그래요."

제가 아무리 흔들어도
흙탕물이 되지 않는 방법은 무엇이래요?

이 방법이 바로 쌓인 마음을 맑히고 닦아내는
부처님의 법으로 장엄하는 방법인데?
몰라요?

이 방법이 진짜 수행하는 방법입니다.
방법은 바로 호수를 항아리에 대고
맑은 물을 계속 부어주는 것입니다.

처음에는 흙탕물이 계속 흘러넘치다가
흙탕물의 원인, 이 흙이 다 넘쳐나고 나면

맑은 물만 남는다.

결국에 흙탕물의 근본이라 할 수 있는
흙이 없어지고 맑은 물만 남는 것입니다.
이 흙탕물은 우리 중생의 마음과 같습니다.
우리 중생은 자존심의 마음을 건드리지 않으면
그야말로 부처님처럼 고요하고 맑은 마음이나,

누가 자존심을 건드리기만 해봐요.
그럼 자존심이 상하여 버럭 화를 내지요.

그래요,
흙탕물을 가라앉히면 맑은 물이 되지만
흔들어 버리면 도로 흙탕물이 되듯이
우리 중생도 건드리지 않으면 부처님의 마음이나
건드리면 중생의 마음이 됩니다.
그래서 기도할 때면 온갖 생각이 벌떼처럼 일어나
번뇌망상(煩惱妄想)으로 기도를 방해하는 것입
니다.

우리의 마음속에 가득 쌓여 있는
죄업(罪業)을 씻어내는 방법은?

부처님의 법을 듣고 또 듣고 해서
부처님의 마음으로 가득 차기 시작하면
죄업은 흘러넘쳐 없어지고
부처님의 맑고 밝은 자비심의 마음으로 장엄 되
어
결국에는 부처님이 되는 것이다.

그러니 법문 듣기 위해 매일 절에 출근해야 되지
요?
"예."
대답했으니 봉정암에 매일 올라오세요.
(웃음 한바탕)

그래서
이 중생의 마음을 건드려도 화나지 않고
자존심이 상하지 않는

부처의 마음이 되는 방법은
바로 부처님의 법을 많이 듣고
부처님의 사상으로 무장하여야 합니다.

2) 관상참회(觀相懺悔)

부처님의 상호를 관(觀)하면 환희심으로 가득하
고
부처님의 명호를 부르면 내 죄업을 소멸시켜 준
다.

나무는 귀의합니다로 해석하지요
귀의한다는 말은 몸과 마음과 생명까지도
부처님께 다 맡기고 의지한다는 말이다.

부처님께 귀의하면 환희심이 생기고
부처님의 명호를 부르면 부처님의 원력으로
죄를 멸하여 주시는 열두 부처님이 계신다.

천수경의 이 구절을 다 함께 염송해 보겠습니다.

〈남무참제업장십이존불〉

남무참제업장 보승장불 : 짐승 타고 다닌 죄를
　　소멸함

보광왕화염조불 : 사중의 재물을 손재한 죄를 소
　　멸함

일체향화자재력왕불 : 일평생 계행 파한 죄를 소
　　멸함

백억항하사결정불 : 일평생 살생한 죄를 소멸함

진위덕불 : 사음한 죄악과 악구한 죄를 소멸함

금강견강소복괴산불 : 아비지옥에 떨어질 죄를
　　소멸함

보광월전묘음존왕불 : 대장경을 한번 읽는 공덕
　　과 같음

환희장마니보적불 : 절망하고 근심함을 소멸함

무진향승왕불 : 생사 중죄를 초월하고 숙명지를
　　얻음

사자월불 : 무량겁의 생사 중죄 소멸함

환희장엄주왕불 : 오백 만억겁 지은 생사 중죄를
　　멸함
제보당마니승광불 : 오백 만억겁 생사 중죄를 멸
　　함
여기 보면 열두 부처님의 명호를 부르면
한 부처님이 한 가지씩
우리의 죄업을 소멸해 주신다 한다.

우리가 예전에 하던 108배 참회문을 보면
부처님 명호가 나온다.
지심귀명례 보광불
지심귀명례 승광불 등등..
그런데『왜』부처님 명호를 부르면
108 참회가 되나요?
이는 바로 한 부처님이
한 가지씩 죄업을 소멸해 주시기 때문이다.

그래서 부처님의 상호를 관(觀)하고
명호를 부르면서 절을 하는 것은

바로 참회하는 방법이다.

내 잘못을 부처님 앞에 참회하여
업장을 소멸 받는 것입니다.

불설 관보현보살행법경에 보면
너는 지금 응당 모든 부처님 앞에서
이전의 죄를 나타내어 말하고
지성으로 참회할지니라.

이같이 부처님의 명호를 부르면서
나의 잘못했던 것을 부처님께 다 털어놓고
참회하면 부처님의 가피력으로
참회가 되므로 이를 관상참회(觀相懺悔)라 한다.

3) 실상참회

내 생각을 정사유(正思惟)하여 다시 생각하고
상대 입장에 서서 내 생각에 대하여

나를 설득하고 동체대비심의 마음을 먹는 것이다.

일념돈탕제(一念頓蕩除)
한마음 먹는 순간 죄가 멸진되어 없어지는 것을
실상참회라 합니다.

이 한마음이 어떤 마음인가?
다 함께 염송해 봅니다.

백겁적집죄(百劫積集罪)
　　백겁 동안 쌓인 죄를
일념돈탕제(一念頓蕩除)
　　한마음으로 깨서 제하여 쓸어버린다.
여화분고초(如火焚枯草)
　　이같이 마른풀을 불에 태우듯
멸진무유여(滅盡無有餘)
　　멸진되어 남아 있음이 없는 것이다.

일념돈탕제(一念頓蕩除), 한마음으로 깨서 제하여

쓸어버린다.
한마음이 어떤 마음일까요?

어떠한 마음이라야
일겁(一劫)도 아니고 백겁(百劫) 동안
지은 죄업(罪業)이
마른 풀이 불에 타듯이 죄업이 멸진될까?

이는 마음 먹는 대로 이루어진다는 불교 수행법
입니다.

답은
부처님의 마음을 먹는 것이다.
동체대비심(同體大悲心)으로
누구든지 부처님으로 여기는 마음이다.

부처님 마음 먹으면 장애가 없다.
자비무적(慈悲無敵)이라.

상대의 잘못을 내 잘못으로 여기고
상대의 죄를 내 죄로 여기는 마음
역지사지(易地思之)
상대의 입장에 서서 생각하고 나를 설득하면
나라는 아상(我相)이 멸하여 무아(無我)를 깨우친
다.

상대 때문에
내 속에서 못마땅한 마음이 일어나면
이것을 알게 해주시니
상대 부처님 감사합니다.
하는 감사의 기도하고
내 생각이 잘못되었다는 것을 깨달아
내 탓으로 돌리는 마음이
죄업(罪業)이 멸진(滅盡)되는 것이다.

우리 불자님들께서도 법당에 가서
108배 참회하고 오세요, 하면
제일 먼저 꺼내는 것이 108 염주지요.

“예.”
그렇지요.
그리고 뭘 하나요, 숫자만 세고 오는 거지요?
108회 숫자 세는 습관이 된 것입니다.

예전에 저도 함께 공부하던 도반과
서로 의견을 나누다 보면
서로 옳다고 고집부리면서
큰 소리 싸움이 시작되었다.

그러다 큰스님께 들켜서
1080회 참회하고 오라 하면.
서로 각기 다른 전각에 들어가서
열심히 1080번 참회하고
“스님 다하고 왔습니다.” 그러자
“오! 그래 벌써 다 했어.”
“예.”
“그래 오늘은 무엇을 참회했노?”
“예, 참회요? 1080회 참회했는데요.”

그랬더니

"이놈, 다시 올라가서 참회하고 오너라." 호통하
신다.

"예." 대답은 했지만 무엇인가? 찜찜해…
그런데 제가 용감하게 생겼지요.
"예."
그래도 용감하게 법당에 올라가
다시 열심히 절하고
땀을 뻘뻘 흘리면서 내려와서
"스님 다 하고 왔습니다." 그랬더니
그래, 그래 무엇을 참회했느냐?
"예?" 또 어리둥절했다.

그동안 숫자세기 참회했지!
내 무엇을 잘못했다는
잘못을 참회하지 않았던 것이다.

"예, 숫자 참회만 했네요." 하니

“예끼! 다시 올라가.”
“예.”
또 법당에 올라가서
무엇을 참회하라는 거야 하면서
연속 천주 염주를 돌리면서 열심히 절을 했다.

벌써 세 번째 1080번 절을 하니까
힘도 들고 ‘내가 『왜』 이런 벌을 받아야 하지’
하는 생각이 들면서
오늘 도반과 다투던 생각이 나면서
다 저놈 때문이야 하면서
내 잘못을 참회하지 않고
상대의 잘못을 탓하고 있었던 순간
나는 참회의 뜻을 생각하게 된 것이다.

‘아! 그래 나의 잘못을 참회하는 것이지
절 숫자 세는 것이 아니구나’ 하고
그때서야 나의 잘못을 알아차린 것이다.

오늘 있었던 일,
나의 입장만 생각하고
도반의 입장은 생각해 보지 않고
상대의 마음 소리를 들을 줄 몰라서
나의 입장만 고집한 것이
오늘 우리의 감정이 격해진 것이다.

『나』라는 것은 항상 업을 짓는 아상(我相)인데
내 속에서 일어나는 마음을 관하지 않고
대상의 말에 집착하여 내 자존심을 세우려고
내 고집만 부린 것이다.
분명『나』라는 아상(我相)을
죽이는 수행을 하는 것이 아니라
『나』라는 아상(我相)을 키우는 것이로구나.

'아! 내 잘못이구나
다 내 탓이구나' 깨달아진다.

그때부터 나의 마음을 점검하여

'부처님 오늘 고집 피운 것 참회합니다.'
'도반의 잘못이라고 남 탓한 것을 참회합니다.'
'내 생각이 옳다고 판단한 마음 참회합니다.'
'상대의 입장을 생각 못한 마음 참회합니다.'

그렇게 하다 보니 '다 내 잘못이지 상대의 잘못
이 아니구나'…
그때부터 마음이 숙연해져
몇 달 전의 잘못했던 것이 생각나면서
참회가 되고
그리고 다 잊어버린 줄 알았는데
몇 년 전의 일들까지도 생각나서 참회하고

어릴 적 친구와 다투던 일들
갖가지 생각이 일어나 참회가 되는 것이다.
답답한 마음이 시원해지면서
눈물 콧물이 용솟음치면서
억울해서 우는 것처럼 하염없이 눈물이 나온다.

혹 기도 중 눈물 콧물이 용솟음치면서
울음이 터져 나오는 경우가 있었지요?
"예."
이런 경우를 어른 스님들께서는
이는 업장이 소멸 되어서 그런다고 합니다.

마치 어머니를 잃어버려서 무서워하던
어린아이가 어머니를 만난 그 기쁨과 같은
부처님과 만나는 감동으로
한없는 눈물이 나오는 것이다.
탐진치(貪嗔痴) 삼독심(三毒心)의 옥에 갇혀있던
불성이
회복되어 나오는 환희심이다.

상대를 탓하지 않고
상대를 무시하지 않는 마음
상대를 존중하고 내 탓으로 돌리는 마음
부처님의 마음을 먹는 것이다.
동체대비심(同體大悲心)으로

누구든지 부처님으로 여기는 마음이다.
이것이 일념돈탕진(一念頓蕩塵) 이다.

일념돈탕진(一念頓蕩塵)이 되면
상대의 잘못이 나의 잘못이며
대상이 곧 나이니 내 탓이요,

내가 참회가 되어 부처가 되면
상대도 함께 부처가 되니
이것이 자타일시성불도(自他一時成佛道) 이다.

오늘 봉정암에 오신 불자님들이
남의 탓으로 돌리지 않고
내 탓으로 돌리어 참회하였으니
부처님이 되신 것입니다. 성불하셨습니다.

13. 매일 기도와 염불 수행 방법

봉정암에 오신 많은 불자님들이
"스님,
어느 시간에 기도해야 하나요?
어떻게 기도하고, 어떤 기도를 해야 하나요?"
라고 묻습니다.

어느 시간에 기도하느냐 하면
옛 스승님들께서 말씀하시길
새벽기도는 황소 한 마리요
사시 기도는 돼지 한 마리라.

그러나 어느 때고 연공(連功) 해야 합니다.
빠지지 말고 꾸준히 할 수 있는 시간이 제일 좋습니다.

보살님, 기도(祈禱)는 『왜』 하나요?

무엇인가를 얻을 것이 있기에 기도 한다고요.
부처님께 무엇을 부탁하려고요?

부처님께 기도해서 소원성취가 이루어지면
보살님은 부처님께 무엇을 보시하나요?
입 싹 닦는다고요.
하하 웃음 한바탕..
더 크게 보시 공덕을 지으세요.
크게 비워야 크게 채워지는 것입니다.

어떻게 기도하느냐 하면?

보살님들은 언제 기도 성취가 잘 되었나요?
예, 초발심 때라고요.
예, 그렇지요.
초발심 때 기도 성취가 잘되었지요.
초발심 때 그때를 뒤돌아보고 생각해 보면
어떻게 기도해야 하는지 답이 되지요.

그때는 온전히 부처님께 믿고 맡겨서
온 정성을 다해 기도하지요.

그때는 기도하는 방법도 모르고
내가 할 수 있는 것이 없으니
스님께서 시키는 대로 하던 시절이며
일심으로 기도가 잘되는 시절이지요.

내 마음에
온전히 부처님의 성스러움으로 가득했고
또 보살님들은 다 도인(道人) 같아
그분들이 시키면 그것이 정답이라고 생각했기에
전혀 분별심도 없었지요.

초발심 때는 부처님의 뜻과 원력에 감응하여
환희심의 마음으로 가득했으며
『나』라는 아상(我相)을 내세우지 않았고
옳고 그르다, 싫다 좋다 분별심을 내지 않았는데
지금은 나의 욕심으로 소원성취만을 위해 기도

합니다.

욕심의 마음으로 기도하면
부처님의 마음과 일체가 되지 않으며
부처님과 주파수가 맞지 않아 통하지 않습니다.

내 욕심의 마음이 장애가 되는 것입니다.
지금 기도하는 나의 마음을 지관(止觀)하여 보세
요.

정해진 시간에 기도하라.
자신이 부처님과 약속한 기도 시간을
내 위주로 적당히 타협해서
기도를 끝내려고 하지 말라.

나의 견해(見解)로 판단하여 내 뜻대로 하려고,
내 욕심의 마음을 채우려고 하는 기도는
기도 성취가 안 되고 망상만 쌓이게 됩니다.

초발심 때의 환희심이 회복될 때까지
계속 용맹정진해야 합니다.

신묘장구대다라니 주력기도 할 때는

1) 관세음보살은 이 대다라니 기도를 어떻게 했을까? 하고 의문하고 기도하고,

2) 우선 암송이 되어야 한다.

3) 내 소리를 숨죽이고 소리를 들어야 하며,

4) 소리가 온몸으로 공명이 되고 단전에 에너지가 충만해야 한다.

5) 호흡과 소리가 끊어질 듯 이어지고 온몸으로 소리가 나는 것을 듣고 보아야 합니다.

6) 소리는 듣는 의식이 청정해야 하고 의식과 소리와 하나가 되어 정(定)에 들어 염불삼매를 체득하게 된다.

7) 대다라니 기도할 때 소리를 듣는 의식이 청정하고 환희심과 대자 대비심이 회복할 때까지 기도한다.

소리를 듣는 의식이 청정하고
환희심으로 가득해지면
일체 번뇌가 멸진(滅盡) 되어
부동지(不動地)에 올라서게 됩니다.

부처님의 명호를 부르면서 정근 기도할 때는,
1) 명호를 부르는 부처님이나 보살님의 관련된 책을 읽고 그 부처(보살)님의 세운 원력을 생각하면서 기도한다.
2) 명호를 부를 때 숨죽이고 소리를 들어야 한다.
3) 소리가 온몸으로 공명이 되고 단전에 에너지가 쌓여야 한다.
4) 호흡이 끊어질 듯 소리를 이어 내고 고요한 자리에서 바라본다.
5) 소리를 듣는 의식이 청정해야 하고 소리와 하나가 되어야 한다.
6) 부처님의 지견(智見)에 들어 지혜에 들어갈 수 있도록 발원한다.

7) 소리의 공명이 마침내 의식과 하나가 될 때
   환희심이 회복된다.
8) 환희심이 회복되어 동체 대비심으로 불성이
   회복되어야 원력이 성취된다.

일체 마음을 항복 받아야 합니다.
내 마음에 적당한 타협을 보려는 마음을 항복 받
아
일심으로 주력기도 하다 보면
점차로 기도 공덕이 쌓이고 원력이 쌓여서
부처님의 원력과 일치하는 시간이 됩니다.
생각 생각을 오직 부처님을 위주로 생각하고
생각을 다시 생각하여 말과 행동을
부처님의 원력과 일치하도록
부처님께 지혜를 묻고 ,
기도하는 마음이 청정한 의식의 자리에
일심(一心)으로 들어가야지
부처님의 원력과 만나서 선정에 들어
항상 부처님과 일체가 되어 원력이 성취되는 것

입니다.

자신 위주로 기도하는 사람은
부처님께 기도한다고 하지 마세요.

어떻게 기도하느냐, 하면
뜨겁든지 차든지 분명히 하고
시간과 날짜를 분명하게 정하고,
부처님 편을 들어 일심(一心) 기도하여야 성취되
는 것이니
기도할 때는 이 같은 방법으로 기도하는 것입니
다.

나의 시간을 부처님께 돌려라.
이 몸이 부처님의 몸이 되고 부처님의 마음이 되
고
부처님이 마음대로 쓰실 수 있으니
부처님의 지혜를 열어 주는 것이다.

기도란?
『나』라는 아상(我相)이 무너지고
부처님과 일체가 되어야 기도 성취가 된다는 것을
꼭 명심하시길 바랍니다.

기도하는 나는 없고
오직 부처님이 되어야 합니다.

그리고 노는 입에 염불한다고 하루 24시간
부처님께 내 몸과 마음과 생명을 다 맡겨
부처님의 시간이 되도록 기도하세요.

점차로 시간이 늘어나면 행주좌와 어묵동정의
기도 시간이 될 것입니다.

온전히 부처님의 시간이 되어
부처님과 일체가 되는 기도 생활하시면
무엇이든지 다 원하시는 원력이 이루어질 것입
니다.

『왜』냐하면 부처님께서는 원력으로
우리가 원하는 모든 소원을 다 이루어 주신다.
하셨기 때문입니다.

어떤 기도를 해야 하는가 하면?
천수경 독경하고
개경게, 개법장진언 독송하고 경을 독송한다.
경전은 병고에 시달리거나 영가를 천도하고자
할 때는 지장경을 독송하고 약사경 독송이 제일
입니다.

염불 수행할 때
반드시 부처님 명호와 관련된 경을 독송하고 염
불하라.
관세음보살은 관세음보살보문품을
아미타불은 아미타경을
지장보살은 지장경을
약사여래불은 약사여래경을

그리고 수행편으로 석가모니불 염불할 때는
깨달음의 경으로 원각경 금강경 묘법연화경 등
화엄경은 열반경을 공부한 후 하면 좋습니다.
이는 소승의 지론이니 참고만 하세요.

14. 봉정암 가는 길이 부처 되는 길이라네.

마음먹는 대로 이루어진다.

어느 날 노스님과 산길을 걷고 있는데
노스님께서 묻는다.

"너는 무엇을 먹고 사느냐?"
"밥 먹고 삽니다."

"그래 그 밥이 무엇이더냐?"
이 말 한마디에 말문이 막혔다.

노스님께서 또 묻는다.
"너는 공기도 안 먹고 사느냐?"
"물은 안 먹고 사느냐?"
"너는 마음은 안 먹고 사느냐?" 하신다.

"그래 사람이 밥만 먹고 살더냐?"
"아닙니다. 꿈과 희망을 먹고 마음을 먹고 살아
갑니다."
"그래, 그럼 밥은 무엇이더냐?"

'아, 일체가 부처로 이루어지지 않은 것이
없다고 하셨지!'
그때야 깨달아진다.

본래는 다 불성으로 이루어진 것이니
밥도 본래 부처라는 것을...

인연에 의해 변화의 형상을 입은 것이니
본래 불(佛) 아니던가?

그럼 내가 먹는 것이 바로
부처를 먹는 것이구나!!

공기도 부처요,

물도 부처요,
나무도 부처요,
풀도 부처, 바람 부처,
돌부처, 밥 부처.

‘이 세상 모든 것이
부처로 이루어지지 않은 것이 없는 것이로구나.
쌀 부처,.. 쌀이 변한 것이 밥이니
밥은 본래 불(佛)이 아닌가?’

우리가 부처님의 마음을 먹고 사는 것이니
당연히 부처님께 감사하면서 먹어야 하고
공기를 마시면서도 부처님 감사합니다. 하면서
마셔야 합니다.

“스님,『왜』부처를 먹으면
부처님의 마음이 나와야 하는데,
못마땅한 마음이 나오는 이유는 무엇입니까?”
노스님 왈,

"밥을 먹었는데 똥이 나오고 냄새가 나는
이유와 같느니라."

부처를 먹는지 모르고
마음먹을 때 못마땅한 마음을 먹었기 때문이다.

오늘 봉정암에 올라오는 불자님들께서는
미워하고 원망하는 마음 먹지 말고
힘들어 죽겠다고 말하지 마세요.

말이란 자신의 마음을 표현한 것이라,
마음먹는 대로 이루어지는 것입니다.

봉정암에 올라오는 길에 깔딱 고개에 도착하면
너무나 힘들어 쉬어가고 싶다.
그때 배낭 속에 있는 오이를 먹고 힘을 내서
희망의 마음을 먹고 올라와야 합니다.

깔딱 고개 첫 번째 철 사다리가 있고

다음 두 번째 철 사다리에 올라갈 때
왼쪽에 보면 돌 거북이 한 마리와 그 위에
돌고래 한 마리 있는데 보았나요?
"예."

그들이『왜』거기에 있느냐 하면
거북이와 고래는 동해 바다에 살고 있었는데
거북이와 고래는 사람으로 태어나는 것이 소원
이였습니다.

어느 날 사람들이 하는 말이
봉정암 부처님은 한 가지 소원은 꼭
들어주신다 하는 것을 듣고

거북이와 고래가 사람의 몸으로 태어나고 싶어
부처님께 기도하러 올라오다가
그만 이 깔딱 고개 길이 너무 힘이 든 기라,

그래 거북이란 놈이 아휴 힘들어 돌이 되어도

이제는 못 가겠다고 하소연하니 그만
돌거북으로 되어버린 것입니다.

이때 고래도 거북이의 말 따라 나도 힘들어
돌이 되어도 못 가겠다고 하소연하여,
하나는 돌거북이가 되고
하나는 돌고래가 되었다고 합니다.

사람도 힘들다고 돌이 되어도 못 가겠다고 하면
돌하르방 되는 것 아시나요!

말이란 자신의 마음을 표현한 것이니
마음을 먹는 대로 이루어지는 것입니다.
그래서 사람은 마음먹을 때
항상 부처님의 마음을 먹고
말과 행을 행불(行佛)해야 하는 것입니다.

젖소가 물을 먹으면 우유를 만들고
독사가 물을 먹으면 독을 만든다.

선인선과(善因善果)라, 선한 마음 먹으면
선한 과일이 열리고
악인악과(惡因惡果)라, 악한 마음 먹으면
악한 과일이 열린다.
그래서 인간은 선악과를
매일 따먹고 사는 것이다.

어떠한 마음을 먹느냐에 따라
마음의 주인공이 바뀝니다.
수처작주(隨處作主)
처한 곳에 따라 짓는 주인이 되니
입처개진(立處皆眞)이라.
서 있는 곳이 다 진실하다.

부처님 마음먹으면 불성(佛性)이 자라서
부처를 이루고
악한 마음 먹으면 삼독심이 자라서
마왕이 자라는 것이니

부처님과 한마음 한뜻으로
부처님의 원력이 성취되어 불국정토가
이루어지도록 부처님의 마음을 먹고
자타일시성불도(自他一時成佛道)
하도록 축원해야 합니다
부처님의 마음에는
누구든지 부처님처럼 여겨집니다.

부처님 마음먹고
누구든지 부처님처럼 여기는 수행은
성문승과 연각승의 해탈이나 열반을
구하는 것이 아니고

부처의 지견(智見)을 깨닫고
부처님의 지견(智見)에 들어가
부처의 지혜를 습득하기 위하여
일체중생을 부처님으로 여기고
부처님으로 회복시키는 수행법입니다.

부처님으로 여기는 수행 방법이
법화경에 상불경(常不輕)보살의 수행 방법입니다.

실유불성(悉有佛性)이라.
본래 불성을 갖추고 있으니
부처님 마음먹고 육근(六根)을
부처님의 감각으로 생각하고 염하여
부처님의 지혜를 깨닫고
부처의 지혜로 행하고 말하고
행주좌와어묵동정(行住坐臥語默動靜)의
일체가 부처님의 마음으로 행하는 것이
곧 부처가 되는 길이다.

바로 불보살의 수행법이며
삼승과 일승법을 아우르는 수행법입니다.
그래서 봉정암에 오실 때는
오감으로 느끼는 생각을 오직
부처님만 생각하고
부처님과 대화하며 부처님과 소통이 되는

기도하고 발원하고 오셔야 합니다.

이 몸을 끌고 가는 이 주인공은 누구인가?
하며 이 주인공을 화두 삼아 일심 공부하며
오시나요?

봉정암 오시는 길이 기도 수행의 길이라!

이 주인공은 육근(六根)을 통해서 나타나기
시작하므로
육근(六根)을 몽땅 부처님으로 만들며
올라와야 합니다.

왜냐하면 육근(六根)을 육적(六賊) 도적으로 만들면
인생길이 고통스럽고 인과응보를 받는다고 하니.

지금부터 행주좌와어묵동정(行住坐臥語黙動靜)의
수행법으로 육근(六根)을 부처님으로 만들며
봉점암 가는 길이 기도 수행 길이 되도록 하세요.

백담사 법당에 들려
부처님, 제가 봉정암에 올라갈 때
동행(同行)하여 주시면 너무너무 감사합니다.
하고 부처님께 고하고 올라오세요.

그럼, 백담사의 부처님께서
저 세심천(洗心川)에 가서 네 마음에
소원 탑을 쌓고
마음을 씻고 한 찰나도 나를 놓치지 말고
염불(念佛)하며 올라가도록 하라 하십니다.
들으셨나요? 못 들었다고요?

그렇게 백담사 부처님께 고하고 올라온 사람 있
나요?
부처님께 고하여 지혜를 묻고, 마음을 씻고
정성을 들여 소원 탑을 쌓고 올라온 사람 없어요?

앞으로는 반드시 부처님께 고하고 올라오세요

사업을 시작하든, 장사를 시작든
계약서를 작성하시려면
제일 먼저 부처님께 고하고
부처님의 지혜를 묻고
부처님과 소통하여 교감이 되면
그때 시작하세요.

맨날 자신이 결정한 후 일이 잘 안되면
부처님께 하소연하면서 잘되게 해달라고
애걸복걸 기도하지 마세요.

이같이 부처님께 고하고
그리고 천수경에 정구업진언(淨口業眞言) 하듯이
몸과 마음의 때를 깨끗이 씻어내는
기도하세요.

백담사 다리 이름이 무엇인지 아세요?
예 세심교(洗心橋) 입니다.
세심교(洗心橋), 마음을 씻는 다리입니다.

앞으로는 백담사 법당 부처님께 고하고
부처님, 봉정암까지 동행(同行)해 주세요. 하고
세심교(洗心橋) 개천에서 마음을 씻고,
올라오세요.

그리고 백담사에 첫발을 내디디면서
이 몸을 끌고 가는 주인공은 누구인고… 하고
주인공아, 부르고
부처님 동행하여 주셔서 감사합니다.
하고 올라오세요.

이 몸을 끌고 가는 주인공이 누구입니까?
부처님이래요.
그럼 이 몸은 부처님의 몸이 되는 것입니다.
눈을 통해 풍경을 보거나 사물을 보는
이 주인공은 누구인고?
주인공아, 하고 부르고.
골짜기의 바람 소리 계곡의 물소리 귀로 듣는
이 주인공은 누구인고? 하고

주인공아, 하고 부르고...

설악산의 싱그러운 산림의 냄새와
꽃향기를 맡는 이 주인공은 누구인고? 하고
주인공아, 하고 부르고....

몸으로 느껴지는 바람의 부드러움을 인식하는
의식의 주인공은 누구인고? 하고
주인공아, 하고 부르고....

육근(六根)을 주관하고 행동하게 하고
감각을 인식하는 의식의 주인공은 누구인고?
화두를 잡고....봉정암에 올라오시면

행주좌와어묵동정(行住坐臥語默動靜)의
수행이 되어
팔정도의 수행이 자연적으로 되어
속세의 모든 고통으로부터 해탈하여
마음에 참 자유를 얻고

마음의 눈이 떠질 것입니다.

백담사에서 영시암까지 걸어가다 보면
자신 눈을 통해 설악산의 풍경이 보이기
시작합니다.

보는 이 주인공은 누구인고?
주인공아, 하고 부르면
이 눈이 부처님의 눈이 되므로
이름이 '일월광명 여래가 된다' 합니다.

이제 영시암을 지나 계곡을 굽이굽이 돌고
돌다 보면
설악산의 시원한 향취가 풍기기 시작합니다.

설악산은 계절마다 상큼한 꽃냄새
향취가 가득하게 코를 자극합니다.

이 냄새를 맡는 이 주인공은 누구인고?

주인공아, 하고 부르면...

부처님의 마음으로 향취 냄새를 맡는
코를 '향적여래라 한다' 합니다.

이제는 수렴동 산장을 지나 쌍폭까지 올라가면
몸으로 시원한 바람의 부드러움이 느껴지는데,
이 인식하는 의식의 주인은 누구인고? 하고
주인공아, 하고 부르면...

부처님의 마음으로 시원한 바람의 부드러움을
느끼는 몸은 부처님이 거하는 법당이라
이를 화신불이라 합니다.

깔딱 고개를 넘어와서 봉정암에 도착하면
배가 몹시 고파온다.
입으로 미역 국밥을 맛있게 먹는데
이 먹는 주인공은 누구인고, 하고
주인공아, 부르면...

부처님의 입으로 맛을 보고 불법을 전하는 것이니
이 입을 '법희여래라 한다' 합니다.

저녁예불 마치고 사리탑 위의 언덕에 올라앉아
명상에 잠기면 골짜기의 바람 소리와
기도하는 염불 소리를 귀로 듣는
이 듣는 주인공은 누구인고?
주인공아, 하고 부르고.

부처님의 마음으로 바람 소리 염불 소리를 들으니
이 귀를 '성문여래라 한다' 합니다.

봉정암에 기도하러 왔는데
청정한 부처님의 마음이 아니고
나의 견해로 분별의식으로 올라오면
육근(六根)이 육적(六賊) 도적이 되면
밤새도록 번뇌망상(煩惱妄想)에 시달리게 되는 것
입니다.

한 분도 빠짐없이 육적(六賊)을
부처님으로 변화시켜 성불하세요.
이렇게 육적(六賊)을 부처님으로 변화시켜
올라와서 밤새 철야기도를 정성으로 잘하면
내려갈 때 깔딱고개 정상에 오른쪽
높은 바위 위를 보면 독수리 두 마리를
제가 감추어 두었는데 보셨나요?
“예.”
어 그놈들 잘 숨어 있으라고 했는데 들켰네!
지금까지 독수리를 본 사람이 별로 없는데
오늘 봉정암에서 철야기도 정성으로 하는
불자님들은 내일 아침에 내려갈 때
독수리 형제가 백담사까지 등에 태워
내려 준다고 합니다.
그러니 오늘 밤 철야기도 정성으로 하시고
독수리 형제 등에 타고 내려가시기
발원합니다.
성불하세요.

15. 이때 마음 수행하라.

초보 불자님들이 발심하여 절에 가면
처음에는 보살님들이 다 관세음보살님처럼 보이
며
그때의 눈에는 나쁜 것이 하나도 안 보입니다.

이때를 화엄경에 초발심시변성정각(初發心時便成
正覺)이라.
초발심에는 분별의식이 없으니 정각을 이룬다는
말이다.

6개월 정도 절에 다니다 보면
그때부터 선악과를 먹은 사람처럼
눈이 밝아져 좋은 것, 안 좋은 것이
구분하여 보이기 시작합니다.

이때 마음 수행하라.

마음 수행에는 두 가지 방법이 있습니다.
마음을 먹는 법과 마음을 닦는 방법입니다.

1) 마음을 먹는 방법은?
깨진 독에 물 채우듯 몸과 마음 생명까지
부처님의 마음바다에 던져 버리는 수행법이다.

실유불성(悉有佛性)이라.
일체중생이 불성이 다 있나니
누구든지 부처님처럼 여기는 수행 방법이
본래 부처이니 오직 부처님 마음먹고
행불(行佛) 하여 부처가 되는 것이다.

생각을 알아차려 부처님 지혜의 생각으로 돌리고
항상 부처님의 원력만 생각하고 염불하는 방법
입니다.

2) 마음을 닦는 방법은?
자신 생각을 알아차려 내려놓는 방법과

신구의(身口意) 삼업(三業)으로 지은
업식(業識)을 참회하는 방법입니다.

고집멸도(苦集滅道) 사성제(四聖諦) 수행법으로
해탈 열반을 성취하는 팔정도 수행 방법이다.

청정한 의식으로 깨어있어야 계율이 지켜지고
일심(一心)으로 몰입하여 청정한 의식으로
선정에 들어 일체를 해탈하는 방법이 팔정도 수
행입니다.

초보 불자님들이 선악과를 먹으면 분별의식의
눈이 떠져 상대의 잘못이 보이기 시작합니다.

나에게는 저렇게 하지 말라 해놓고
청정하게 계율을 지켜라, 오계도 가르쳐 주시고
하시던 보살님이
어느 날 보니 화도 내고 분별하여 남의 흉도 보
고하는 것이 보이기 시작합니다.

이때부터 마음에 갈등이 시작됩니다.
그렇지요?
경험이 다 있을 겁니다.
그러나 이때 분별 의식이 발동했을 때부터가
마음공부가 시작되는 것입니다.

상대의 잘못하는 언행을 보고 마음에 받아들이면
『나』라는 아상(我相)이 분별심을 내어
못마땅한 마음이 자리 잡고 결국 나도 상대를
흉보게 되고 화를 내는 마음으로 변화됩니다.

청정한 의식 순순했던 초발심의 마음이
어느덧 분별 의식에 점령되어 물들어 버린 것입
니다.
그래서 절에 가면 스님들께서 뭐라 법문하지요!
분별심을 내지 말라, 하심(下心) 하라 하시지요.
『왜』 분별심은 못마땅한 마음을 키우기 때문입니
다.

『나』라는 아상(我相)이 분별 의식이고 자존심이며
바로 마왕입니다.
절대로 마왕의 편에 서지 마세요.

분별 의식을 내면 마왕의 편을 드는 것이고
동체대비심을 내면 부처님의 편을 드는 것이니

내편 네편 가르지 말고
항상 누구든지 내 몸처럼 여기는
동체대비심(同體大悲心)의 마음 먹고
누구든지 부처님처럼 여기는 마음을 갖도록 하
세요.

오늘 봉정암에 오신 불자님들께서는
인생사의 생노병사 고통에서 벗어나려면 반드시
팔정도 수행하여 마왕의 지배에서 벗어나고
부처님 마음먹어 부처가 되어야 합니다.

우리가 부처님께 드리는 참 공양은 무엇일까요?

"부처님 마음으로 웃는 얼굴이 참 공양입니다."

와! 우리 불자님들께서는 확실히 마음공부를
다 마치신 것 같습니다.

부처님 마음을 먹으면 불성이 자라나 부처가 되
나니
부처님 마음을 먹는 것이 참 공양입니다.

부처님의 마음을 먹고 봉정암에 올라오면
눈에 보이는 모든 사물이 다 부처님의 형상이고
귀에 들리는 모든 소리가 부처님의 법음이고
코로 맡는 냄새는 부처님의 향취로다.

입으로 맛본 맛은 부처님의 감로수의 맛이고
몸으로 느끼는 감촉은 부처님의 부드러운 손길

이며
일체의 의식은 부처님의 이제 그대로의 마음이
어라.

이제 부처님 마음먹고 봉정암까지 올라왔으니
21일간만 묵언 수행해보세요!

묵언 수행의 기초는
일체는 알아차리는 청정한 의식으로 깨어있어야
합니다.

눈으로 보고 귀로 들은 것을 분별 의식하여
입으로 말하지 않는 것입니다.
그야말로 벙어리 삼년의 시집살이가
우리 수행자들의 묵언(默言) 수행에 속합니다.

내가 보는 것이 옳다고 생각하여 말하지 않고 묵언
내 듣는 소리가 옳다고 생각하여 말하지 않고 묵언
상대가 거짓말을 해도 내 의견을 내지 않고 묵언

다른 사람이 잘못 행동해도 청정한 의식으로 보면
이제 그대로의 마음이니 분별심이 없어 자동 묵언
이처럼 일체의 생각, 나의 의견 견해를 말하지
않는,
묵언(默言) 수행하다 보면
자연스럽게
나의 정신세계의 생각들이 다 보인다.
자신의 정신세계를 확연히 깨닫기 위하여
묵언 수행하는 것이다.

처음에는 하염없는 생각 번뇌망상(煩惱妄想)에
시달리기도 합니다.
그러나 생각과 나의 견해, 나의 아상(我相)을 알
아차리면
번뇌는 소멸(消滅)됩니다.

〈여기에서 문제 하나 더〉
우리는 하루에 몇 가지 생각할까요?

하루에 오만가지 생각한다고 옛날 도인들이 말
하는 것입니다.

번뇌는 나의 견해로 인해 오만가지가 일어나는
정신세계의 자연스러운 형상입니다.

왜냐하면 번뇌망상(煩惱妄想)이라는 것은
나의 견해로 만들어진 나의 정신세계의 잔해이
므로
『나』라는 아상(我相)이 만들어 내는 것들입니다.
아상(我相)이 뭐냐 하면,
내가 알고 있는 알음알이입니다.

내가 습득한 지식을 알음알이라 하는데
이것이 '나의' 견해(見解)가 되어
자존심이라고 허세를 부립니다.
쉽게 말해, 『나』라고 내세우는 마음이 자존심입
니다.

본래 청정한 의식으로 깨어있지 못하고
중생은 『나』의 견해로 만들어진 생각에 끌려 집
착하고
그 마음이 『나』라는 자존심으로 자리합니다.
그래서 번뇌망상(煩惱妄想)을 소멸하는 방법이 바로
『나』라는 아상(我相), 즉 자존심을 소멸(掃滅)해야
하는 것입니다.

묵언 수행할 때,
『나』는 바보다 해라.
『나』는 지혜를 깨닫지 못해서
나는 참 분별 의식이 없다.
대 지혜의 지식이 없으니 어리석음이다.
상대의 의견을 존중하고 상대가 틀리게 시켜도
그대로 하는, 마치 바보가 되어
나의 의견을 내지 않는 것이 참 수행이다.

그래서 묵언 수행할 때, 『나』는 없다.'를 반복하라.

『나』라는 아상(我相)이, 자존심이 멸(滅)하는 것입
니다.

묵언 수행할 때,
『나』는 죽었다 하라.
『나』라는 아상(我相)이, 자존심이 멸(滅)하여
일체 생각과 의식이 청정한 의식 자리에 내려앉
는다.

『나』라는 아상(我相)이 자존심이 멸(滅)하면
인욕바라밀이 저절로 되고
그 자리에 청정한 의식으로 환희심이 발현되어
상대의 가르침에 감사하는 기도가 절로 나오는
것이다.
『나』는 바보다. 『나』는 바보라서 지혜의 분별 의
식 없다.
지혜와 지식이 없으니 시키는 대로 한다.
『나』는 없다. 『나』라는 아상(我相)과 자존심이 없
으니

분별심을 내지 않는다.

『나』는 죽었다. 『나』라는 아상(我相)이 본래 없는 것이니

『나』라고 내 세울 것이 없다. 자동 묵언 수행이 된다.

『나』라는 아상(我相) 자존심이 없으면

분별 의식을 내지 않으므로

초발심시변성정각(初發心時便成正覺)이 이루어진다.

상대의 사정을 나의 사정으로 여겨라.
상대의 잘못이 거울에 비추어진 나의 모습이라.

누구든지 부처님처럼 여기면 장애가 없나니
일체유심조(一切唯心造)를 깨달아
누구든지 내 몸처럼 여기는
동체대비심(同體大悲心)의 마음을 회복하라.

『나』라는 아상(我相)
자존심을 내세우는 견해(見解)만 비우면
모두 다 받아들이는 허공과 같고 바다와 같은
마음이 되리니

바다와 같은 마음으로
일체를 받아들이는 사람을 대인(大人)이라 하고

자신의 견해(見解)대로 욕심의 욕망만 키우는 사
람을
우물 안 개구리와 같은 사람을 소인(小人)배라 한
다.
대인(大人)이라야 대도(大道)를 성취하고
소인(小人)은 그 도(道)에 걸쳐 넘어지느니라.

누구든지 부처님처럼 여겨라.
동체대비의 마음이
누구든지 내 몸처럼 여기는 마음이다.
이 수행법이 법화경에
상불경(常不輕) 보살의 수행 방법입니다.

상대의 잘못을 나의 잘못으로 여겨라.
상대의 잘못을 지적하지 말고
고치려 하지 말고 내가 먼저 고쳐라.
상대의 잘못이 거울에 비추어진 나의 모습이라.
예전에 큰스님의 법문에,
큰스님께 한 보살님이 찾아와서

"우리 남편 술버릇 좀 고쳐 주세요."
하소연한다.

"저의 남편이 요즈음 매일 술을 먹고 와서
술주정해서 같이 못 살겠어요.
어떻게 하면
저의 남편 술주정을 고칠 수 있나요?"

"음, 그래요?
예전에 결혼하기 전에 어떠했는데?"
"예 그때는 건실한 청년이었죠,"

"음, 그래. 좋아해서 결혼했군.
지금은 미워죽겠지."
"예."

"그럼 이혼해."
"예?"

"미워죽겠으면 떨어져 살면 되지."
"그래도 자식들이 있으니 이혼할 수는 없고요.
남편을 고쳐서 살 수는 없을까요?"

"음, 그래. 그럼 내 시키는 대로 할 수 있나요?"
"예."

"그래. 그럼, 오늘부터 21일간 남편이 술 먹고
들어와서 술주정해도 다 받아 주고
남편이 먼저 잠이 들면 보살님은
남편의 발밑에 가서 남편을 부처님이라 생각하
고 매일 108배를 좀 하세요.
그럼 고쳐질 것인데."

보살은 할 수 없이 그리한다 대답하고
집으로 돌아왔지만 영 자신이 서지 않았다.
왜!

남편이 술주정만 하면

보기 싫고 미워죽겠는데

그 술주정을 다 받아 주고 부처님으로
생각하고 또 잠이 들면 108배를 하라 하시니
보살은 무거운 마음에 괴로움만 가중되어
자존심이 상하기도 하였다.

시원한 방법을 배우려고 큰스님 찾아 갔더니
오히려 혹이 하나 더 붙어 온 격이다.

그래도 부처님의 법을 공부한 덕에
큰스님께서 시키시는 것은 반드시
이유가 있을 것이라는 믿음으로
그날부터 시작하기로 작심하였다.
그날도 남편은 술이 만취되어 집에 돌아와서는
밖에서 힘들었던 일, 직장 상사가 꼴도 보기 싫다
미워죽겠다는 원망의 소리,
집에 돌아와도 편안하지 않다고 투정...
술주정이 끝나고 잠이 들었다.

보살은 큰스님의 가르침대로
남편의 발밑에 내려가
108배의 절을 하려고 서는데
도저히 무릎이 구부러지지 않는 것이다.

『왜』일까?
못마땅한 마음과 자존심이 앞서
남편을 보니 불끈 화가 치밀어 오르고
미워서 보기도 싫다는 마음이 올라온다.
술주정하고 화내던 생각만 일어나
미워죽겠다는 생각만 앞서고
도저히 부처님처럼 여겨지지도 않고
자존심이 상하여 절이 하여지지 않는 것이다.
그래도 보살님은 큰스님의 말씀을
부처님의 말씀으로 여기고
다시 자신 생각과 자존심의 마음을 접고
한번 절하기 시작하였다.

자존심의 마음을 계속 항복 받으면서

부처님께 절하는 것이야 하면서
계속 절을 하기 시작했다.

처음 며칠은 남편이 못마땅하고
절을 하기 싫어서 마음이 더 괴로워졌는데

어느 날 남편에게 절을 하려고 하는데
남편이 몸을 뒤척이며 괴로워하는 모습을 보니
옛 생각이 나는 것이다.

예전에는 건강한 몸이었는데,
술도 잘 먹지 않는 충실한 가장이었는데,
사회생활이 얼마나 힘이 들었으면
매일 술로 마음을 달래고
지금은 이렇게 몸을 괴로워하며
잠도 제대로 못 자나 하는 마음이 든 것이다.

그런 남편이 불쌍하고 애처로워 보이고
측은지심이 들면서

우리 식구들을 건사하기 위하여
매일 직장 나가서 얼마나 고생이 많을까?

남편 입장으로 생각해 보니
인생의 동반자인 나는
남편의 그런 입장을 한 번도 생각해 보지 못하고
남편의 편이 되어 주지 못했다는
생각이 든 것이다.

그래! 집에 돌아오면
이 집이 남편의 안식처인데

그리고 밖에서 말 못 할 소리를
인생의 동반자인 아내인 나에게 할 수 있지.
흉금을 터놓고 이야기하고 싶은데
내가 받아 주지 않으니
그만 화가 나고 술주정으로 변한 것이로구나!

이 생각이 미치니

그동안 남편에게 잘해주지 못한 생각이 들어오
면서 미안하고
나라도 남편의 편이 되어 잘해 줄 것을
내가 남편을 못마땅하게 여기기만 했으니
내 잘못이 크구나!
하는 마음이 들어오니 눈물이 하염없이
흘러내린다.
우리 식구들을 위해
자신의 모든 것을 희생하는
남편 부처님 정말 미안합니다.
그리고 정말 감사합니다.
하며 참회의 눈물이 펑펑 쏟아지는 것이다.

그날부터 아침이면 술 해장국 잘 끓여
건강을 챙겨주고 출근시켜주고
퇴근하면 고생 많이 했다고
손발을 주물러 주고 이렇게 해보니

남편도 마음이 바뀐 것이다.

아내의 마음과 행동을 보니
남편도 스스로 마음을 다짐하는 것이다.

그래 내 가정을 위해서는 내가 건강해야지.
그럼 술을 좀 줄이고 내 가정을 내가 지켜야지.
하는 마음이 생겨 결국에는 술을 끊게 되어
가정이 행복을 누리게 되었다는 이야기입니다.

자신 잘못을 깨달아 미워하던 마음을 돌이켜
측은지심으로 바르게 보는 눈을 가지게 되니
남편을 정말 부처님처럼 보게 되어
내가 변하니 남편도 변화된다는 이치를
깨우친 것입니다.

혹 집에서 남편이 속 썩이고
자식이 속 썩여서 못 살겠다고 하는
보살님 있어요?
여기저기 웃음 한바탕.

항상 자신의 마음을 관(觀)하여 봐야 한다.
못마땅한 마음이 일어나면 누구 때문이라 하고
자신이 생각하고 마음먹어 놓고 화나면
상대 때문에 화난다고 그러지요?
"예"

그럼 이 화내는 마음이 누구 마음이래요?
부처님 마음인가요?
아니면『나』라는 마왕의 마음인가요?
내 속에 못마땅한 마음이 일어나도, 화나면
"오" 내 속에 이런 못된 마왕이 숨어 있었구나.
요 못된 마왕을 가르쳐 주시고 멸해 주시는
남편 부처님 감사합니다.
자식 부처님 감사합니다. 하고 한순간
생각을 바꾸고 마음을 바꾸어 먹는 순간

천수경에
백겁적집죄(百劫積集罪)
백겁 동안 쌓인 죄업이

일념돈탕진(一念頓蕩盡)

일념으로 깨트려 쓸어버린다

여화분고초(如火焚枯草)

이같이 마른풀이 불에 타듯이

멸진무유여(滅盡無有餘)

멸진 되어 남음이 없다.

부처님 감사합니다. 하는 순간

못마땅한 마음이 환희심으로 바뀐다.

정말 한번 해 보세요.

왜 잘 안 돼요, 그래도 한번 해 보세요.

이때 못마땅한 마왕의 마음을

남편 부처님 감사합니다. 하고 마음을 바꾸면

부처님 마음이 주인이 되어

마왕의 마음을 멸하는 것이다.

이것이 마음 수행이며

마음먹는 법을 공부하는 것입니다.

어떠한 마음을 먹느냐에 따라
마음에 천국이 극락이 되고
아귀 지옥이 되는 것이다.

내 속에 마왕의 마음만 멸하는 것이 아니고
남편 속에 있던 못마땅한 마왕의 마음도
멸하고 자식 속에 있던 못마땅한
마왕의 마음이 멸하는 것입니다.

그럼 남편도 부처님이 되고
자식도 부처님이 되고
모두들 부처님이 되니
나도 부처님이 되는 것이다.

온 집안 식구들이 다 부처님이 되면
집안이 화평하고
절로 절로 하는 일마다 잘되는 것입니다.

『왜』 절에만 절로 절로 가는 것이 아니고

온 집안이 행복해지고
자식들의 앞날이 절로 절로 잘 풀려나가는 것입
니다.
집안이 평화롭고 자손이 잘되게 하려면
꼭 내 마음을 항복 받고
상대 부처님, 감사합니다.
해보세요.
"예."
(웃음 한바탕)

내 속에 (나라는 아상(我相))
못된 마왕의 마음이 멸하면
불성이 자라기 시작하여
부처가 되는 것입니다.

남편 속에 나라는 아상(我相) 마왕의 마음이
멸하면 남편도 누가 되나요?
남편도 부처님이 되지요.
"예."

그럼 나와 남편이 다 부처가 되면
이를 자타일시성불도(自他一時成佛道)라 한다.
오늘 봉정암에 오신 천 명이
다 부처를 이루었으면 집에 가시면
몇 분이 부처님이 되나요?
이천 명이요. 그렇지요.

보살님이 부처가 되면 남편도 부처가 되고
자식도 부처가 되고 온 집안 식구들이
다 부처를 이루면
이 땅에 불국토를 이루는 것은 시간문제이지요.

어때요. 불국토 이루기 쉽지요.
"예"
이것이 바로 자타일시성불도(自他一時成佛道)의
이치이며
자신과 타인이 일시에 불도를 이룬다.
이 이치를 깨달으면
누구든지 부처님처럼 여겨라.

상대의 잘못이 나의 잘못이요.
상대의 죄가 곧 나의 죄이며
누구든지 내 몸처럼 여기는 한 몸 사상이
동체대비심(同體大悲心)의 사상이
도의 완성이며 진정한 사랑의 마음입니다.

진정한 사랑의 마음은
자비무적(慈悲無敵)이라
자비심에는 적이 없나니

누구든지 부처님처럼 여기는 마음
누구든지 내 몸처럼 여기는 마음

내가 변해야 상대도 변한다.
나의 마음은 변하지 않고
상대만 바꾸라고 하지 말라.
상대의 잘못을 보면
그 사람을 잘못했다고 탓하는 것이 아니고
저 잘못이 나의 잘못이라,

내 잘못이 거울에 비추어져 보이는 것이므로
내 마음에 일어나는 잘못된 생각을 참회하라.
상대의 죄가 곧 나의 죄이다.

나의 견해로 분별심으로 죄가 형성된 것이니
이제는 나의 견해 분별심을 내지 말고
동체대비심(同體大悲心)으로
누구든지 내 몸처럼 여겨라.
동체대비심(同體大悲心)으로
죄업은 사라집니다.

오늘 봉정암에 오신 불자님들께서는
자리 싸움하지 마세요.
서로 양보하고 상대를 배려하는 마음이
자비심이며 서로 서로의 자리를
양보해주는 마음이 부처님의 마음입니다.

오늘도 부처님의 마음으로 기도 성취하시길
축원합니다. 감사합니다. 성불하세요.

17. 부처님 마음먹으면 지킬 계행(戒行)이 없다.

지계와 공덕을

(월등삼매경)

지계(持戒)는 깨달음의 근본이요,
도(道)에 들어가는 요긴한 문이다.

보살이 계율(戒律)을 굳건히 잘 지키고
보호하여 지니면,
10가지 이익을 얻는다.

1) 일체의 지행(智行)과 서원(誓願)을 만족한다.
2) 정계(淨戒)를 지키면 부처님께서 배운 바와 같다.
3) 지혜(智慧) 있는 사람이 비방하지 않는다.
4) 원(願)을 세워 물러나지 않는다.

5) 바른 행(行)으로 편안하게 머문다.
6) 생사를 넘어 윤회(輪迴)의 고통을 벗어버린다.
7) 모든 망상을 끊고 열반의 즐거움을 사모한다.
8) 번뇌를 해탈하여 얽매임 없는 마음을 얻는다.
9) 마음이 청정하여 수승한 삼매를 얻는다.
10) 믿음과 재물이 부족함이 없다. 하고, 하여
　　계(戒)의 중요성을 더욱 강조하였다.

부처님의 초전법륜(初轉法輪)
때에는 계율(戒律)이 없었습니다.

부처님의 제자들이 늘어나
사부대중이 형성되면서
생활해오던 지역의 풍속
습관 때문에 수행에 방해가 되며

풍속의 습관으로 일어나는 행을 제어하여
마음을 잡기 위하여 계율(戒律)이 정해진 것입니
다.

<문제>

마음을 잡아야 될까요?

행동을 잡아야 될까요?

행동이 일어나기 전은 마음을 먹은 것이니

행을 잡기 위해서는 마음을 잘 먹어야 한다.

오계(五戒)는 불자님들이 지키는 계행이고

수행자는 십계(十戒)까지 지키는 것이다.

십계(十戒)

1) 불살생(不殺生) 살아있는 생명을 죽이지 말라.

2) 불투도(不偸盜) 훔치지 말라.

3) 불사음(不邪婬) 음란한 짓을 하지 말라.

4) 불망어(不妄語) 거짓말하지 말라.

5) 불음주(不飮酒) 술 마시지 말라.

6) 향유를 바르거나 꾸미지 말라.

7) 노래하고 춤추지 말고 보지도 듣지도 말라.

8) 높고 넓은 큰 편상에 앉지 말라.

9) 때가 아니면 먹지 말고.

10) 금은보화를 지니지 말라.
그런데 오계(五戒)나 십계(十戒) 모두 다
행동으로 이루어지는 행위이다.

명심하라.
불교는 마음을 지키는 것이 계행(戒行)을 지키는
것이다.
마음을 지키지 않으면 행은 지킬 수 없다.

부처님의 마음 먹고 동체대비심(同體大悲心)으로
오직 중생을 구제하겠다는 마음을 먹고
그 마음을 기르는 것이 계행(戒行)을 지키는 것입
니다.
법요집 청사(請詞)에
이대자비(以大慈悲) 이위체고(而爲體故)
대비심으로 체를 삼고 (대비심으로 주체로 삼아)

구호중생(救護衆生) 이위자량(以爲資粮)
중생 구호하는 마음을 먹어 기르고

어제병고(於諸病苦) 위작양의(爲作良醫)
병고로 괴로워하는 자는 의사로 치료하고

어실도자(於失道者) 시기정로(示其正路)
길 잃은 자에게 바른 길로 일러주시고

어암야중(於闇夜中) 위작광명(爲作光明)
어두운 밤에는 광명을 비추어 주고

어빈궁자(於貧窮者) 영득복장(永得伏藏)
빈궁한 자에겐 영원한 복장을 채워주시고
평등요익(平等饒益) 일체중생(一切衆生)
일체중생에게 평등하게 이익을 주시나이다.

우리 마음에 꼭 심어야 할 계행입니다.
대자대비(大慈大悲)심을 주체로 삼아 오직
중생을 구제하는 마음 먹어 대비심을 키우면
너와 나라는 분별의식이 없으므로
지킬 계행(戒行)이 없는 것입니다.

이것을 자비무적(慈悲無敵)이라 합니다.

마음을 지키는 것이 계행(戒行)을 지키는 것이다.
불자(수행자)는 반드시 수계(受戒)를 받나니,
불명(佛名)을 받고 연비를 하고 계행을 받으면
불자로서 계행을 지켜야 합니다.
행위를 지키려는 마음이 마음을 지키는 것이고
계행을 지키는 것이 인과응보를 깨닫는 것이다.

오계(五戒)

1) 불살생(不殺生) 살생하지 말라.
   마음으로 살생하여도 자비 종자가 끊어지고
   단명보(短命報)를 받게 되나니 살생하는 마음
   먹지 말라.

2) 불투도(不偸盜) 도둑질하지 말라.
   남의 물건을 훔치고 탐하는 마음을 내면
   복덕(福德) 종자가 끊어지고
   빈천보(貧賤報)를 받게 되나니

탐욕을 내지 말라.

3) 불사음(不邪婬) 사음하지 말라,
   마음이 삿된 애욕에 빠지면
   몸과 마음에 진액이 소진되어
   생사윤회(生死輪廻)의 근원이 되나니
   사음(邪淫)하는 마음 먹지 말라.

4) 불망어(不妄語) 거짓말하지 말라.
   거짓말하면 진실의 종자가 끊어지고
   타인의 속임을 받게 되나니
   거짓된 마음을 먹지 말라.

5) 불음주(不飮酒) 술을 마시지 말라.
   술을 마시면 지혜 종자가 끊어져
   추루보(醜陋報)를 받게 되나니
   술을 먹겠다는 마음을 내지 말라.

지금까지 끝없는 욕심의 마음으로

나의 욕망을 채우기 위해서는
사음 살생 투도 음주하여 거짓말로
너와 나를 분별하여 상대를 속이는 삶이
뒤돌아보니 이 5가지가 고통을 수반하는 행위이
며
몸과 마음에 장애가 되는 근본 요소가 되는 것이
다.
감정으로 업(業)을 쌓지 않으려면
오계(五戒), 마음의 계행(戒行)을 지키는 것이다.

우리가 오계(五戒)를 받아
기도 수행하는 것은
중생심 탐진치(貪瞋痴) 욕망의 마음을 멸(滅)하고
불성을 깨우쳐 부처님의 마음으로 거듭나
진정으로 행복한 삶을 영위하기 위한 것입니다.

즉 탐진치(貪瞋痴) 삼독심(三毒心)의 장애를 멸하고
청정한 의식으로 돌아가기 위해서
계행(戒行)을 지키는 수행을 하는 것이다.

5가지의 행위의 마음을 지켜
욕망으로 맺어진 고통에서 벗어나고자 함입니다.

청정한 의식으로 깨어나
지혜를 획득하여 일체의 고통에서 벗어나는
깨달음의 세계로 나를 인도하여
부처님의 도(道)를 성취하고자 함입니다.

마음을 지켜야 계율이 지켜진다.
이는 무명(無明)을 깨달아
갈애(渴愛)를 멸(滅)하여
청정한 의식을 지켜야 합니다.

오계를 지키려면,
마음의 싸움에서 승리자가 되어야 합니다.

안이비설신의 5가지의 식(識)이 일어날 때,
어떠한 느낌으로 감정이 일어나는지
지금 어떤 생각을 하는지 또 어떤 마음이 일어나

는지
알아차려야 합니다.

마음 싸움은
미리 예상하여 마음의 싸움을 해 놓으면
상황이 닥쳤을 때 당황하지 않고 침착해진다.

나의 말과 행동은?
오감 중에 어떠한 느낌으로
어떠한 감정이 일어나는지
어떠한 생각을 하고
어떻게 마음먹었느냐에 따라
말과 행동이 나오는 것이다.

상대를 못마땅한 마음 먹게 하면
동기부여 죄가 성립되는 것이다.
나의 세력을 믿고 남에게 권세를 부리면
도리어 재앙이 되어 자기에게 돌아오나니
인과응보(因果應報)를 명심하라.

순리대로 오는 것을 거절 말고
순리대로 가는 것을 잡지 말라. 했나니
오계를 지켜라, 말만 하지 말고
실행방법을 제시하라.

1. 불살생(不殺生), 살생하지 말라.

〈문제〉

살생하지 않고 사는 사람 있나요?
인생사가 생명을 유지하기 위하여
먹고 사는 것이 다 살생하지 않는 것이 없는데
어떻게 살생하지 말라고 하는 것일까?

〈답〉

없습니다.
그래서 내가 먹으려고 살생하지 말고
남을 시켜서 살생하지 말라.
오직 청정한 마음을 지키라 하셨다.

청정한 의식으로 일체(一切)의 만물을 바라보면,
일체 만물이 불성(佛性)으로 형성된 것을 깨달으니

동체대비심(同體大悲心)이 발현되어
생명을 살리는 기운이 생성된다.

『나』라는 아상(我相), 분별의식(分別意識)으로
일체(一切)의 만물을 바라보면,
너와 나를 분별하는 이분법으로
나의 욕망을 채우려는 마음이
살생(殺生)하는 마음이 된다.

청정한 의식으로
부처님처럼 여기는 마음이
생명을 사랑하는 마음이요,
너와 나를 분별하지 않고
누구든지 내 몸처럼 여기는 마음이
계율(戒律)의 완성입니다.

2. 도둑질하지 말라.

마음 법에,
'좋다' 하는 마음을 내는 순간

도둑질의 죄를 저지른 것입니다.
그래서 '주지 않는 것을 취하지 말고
탐욕의 마음을 내지 말라' 하는 것이다.

안이비설신의(眼耳鼻舌身意)의
감각작용 할 때,
나의 견해가 작용하면
육근(六根)이 육적(六賊)이 된다.

불투도(不偸盜) 도적질을 하지 않으려면
1) 눈으로 보고
   좋다 나쁘다 분별심을 내지 말고

2) 귀로 소리를 듣고
   상상하여 내가 어떻게 하겠다는 마음을
   내지 말라.

3) 코로 냄새를 맡고
   향취에 도취 되지 말고

4) 입으로 맛보고
   맛본 맛에 끌려 집착하는 마음 내지 말라.

5) 몸으로 감촉을 느끼고
   좋다 싫다 갖고 싶은 마음 내지 말라.

6) 식(識)으로 오감을 느끼고
   『나』라는 분별심 내지 말라.

3. 사음(邪淫)하지 말라.

남자가 여자를 보고 예쁘다, 하고 느끼고
좋아하는 감정이 생기면 이미 사음 죄(罪)이다.

스님들께는 여자 보기를
무엇처럼 보라고 하는지 아나요?
예, 돌처럼 보라 합니다.

수행자가 오욕락(五欲樂)이 강하게 작용하면
부정관(不淨觀)하라, 합니다.

1) 애욕과 음욕이 작용하면,
   몸이 썩어질 부정한 것으로 관하라.
   (관신부정(觀身不淨))

2) 분별심이 강하게 작용하면,
   마음은 허망하고 무상하다 관하라.
   (관심무상(觀心無常))

3) 나라는 아상(我相) 자존심(自尊心)이 작용하면,
   아집(我執)으로 쌓인 것이 『나』라는 아상(我相)
   이요, 자존심(自尊心)이다.

이 허망한 자존심을 깨달아 내려놔야 한다.
그리고 인과 연이 만나서 일어난 마음이니
상황이 바뀌면 이 마음도 바뀐다. 는 것을 깨달
아야 한다.

   이 마음을 나라고 할 것이 없구나 하고 깨달아
   나라는 관념은 무아임을 관하라
   (관법무아(觀法無我))

음란(淫亂)한 마음 먹으면
뼈골(피) 속에 숨어있던 정욕(情慾)이 작용하여
정신과 육신(肉身)을 지배한다.

청정한 의식이 깨어 있어야
음란한 생각을 즉각 알아차리고
음욕으로 일어나는 육신의 음욕 작용을
조복 받을 수 있습니다.

수행 중 가장 힘든 과정이
제1은 번뇌망상(煩惱妄想) 과의 싸움이요,

제2는 마왕의 세 딸로 표현한
　　음란한 생각을 알아차리고
　　정욕(情慾)을 조복 받아야 하는 싸움이고

제3은 마왕인 『나』라는 아상(我相)
　　분별의식(分別意識)과의 마음 싸움이다.

그래서 『나』를 이기는 자는 천하를 얻는다, 합니다.

청정한 의식이 항상 깨어있어
뼈골 속 숨어있는 욕정(慾情) 음욕의 작용은
육신을 조복(調伏)을 받지 않으면
절대로 이길 수 없습니다.

4. 거짓말하지 말라

거짓말하는 것은 잘못된 나의 감정을 속여
남에게 보이지 않으려는 것이다.

『나』라는 아상(我相) 분별의식(分別意識)으로
망어(妄語) 기어(綺語) 양설(兩舌) 악구(惡口) 하는
것이다.

말이란 마음의 표현입니다.
자신의 이기적인 입장을 말로 표현한 것이라.

〈질문〉

부처님 앞에 거짓말할 수 있나요?

〈답〉

할 수 없습니다.
거짓말하지 않으려면
상대를 부처님으로 여겨라.

상대를 부처님처럼 여기는 마음에는
어떠한 장애에도 매이지 않으며
청정한 의식을 지키는 마음이
율법(律法)을 지키는 것이요,

청정한 의식으로 마음을 지키는 법칙(法則)
즉 자신의 마음을 스스로 지키는 법(法)을
곧 자유율법(自由律法)이라 한다.

5. 불음주(不飮酒), 술을 마시지 말라.

술을 마시면 지혜 종자가 끊어져

추루보(醜陋報)를 받게 되나니

술 마시지 마옵소서!

353

18. 이번 생에는 생전 예수재를 행하여

탐욕의 마음만 키우지 말고
지혜의 공간도 키워야 합니다.

인생난득(人生難得) 불법난봉(佛法難逢)
차생(此生)에 실각(失脚)하면
만겁(萬劫)에 난우(難遇)니라
(자경문 중에)

불자님들께서는 우리 인생 중에 자장 어려운
것이 몇 가지 있는지 아시나요?

인생난득(人生難得) 불법난득(佛法難得)
장부난득(丈夫難得) 정법난득(正法難得)
이 4가지를 사난득(四難得)이라 합니다.

첫째는 인생난득(人生難得)으로

사람 몸 얻기 어렵다는 것입니다.

우리가 사람 몸을 하고 있으니 쉽게 생각하지만
부처님 말씀에 사람 몸을 받는다는 것은
하늘나라에서 바늘을 하나 떨어뜨려
태평양 한가운데 떠 있는 겨자씨 맞추기보다
어려운 것이라고 하셨습니다.

둘째는 불법난득(佛法難得)으로
부처님의 법을 만나기 어렵다는 것입니다.
세상에 많고 많은 종교 중에
불법을 만난다는 것은 쉬운 일이 아니지요.

세 번째는 장부난득(丈夫難得)이라
장부의 몸 얻기 어렵다는 것입니다.

장부라 하면 자칫 남자 어른을 말하는 것으로
오인할 수 있으나 여기서는 마음을 깨달아
인생의 일대사(一大事)를 해결하리라는

마음을 낸 사람을 말합니다.
남자가 되었든 여자가 되었든 장부라고 할 수 있
습니다.

네 번째는 정법난득(正法難得)이라 하는데
네 가지 어려운 것 중에서도 가장 어려운 것이라
합니다.

참 나를 깨닫는 수행 방법이 '팔정도 수행'이라
부처님께서 말씀하셨는데 이를 이해 못 하는 것
입니다.

세상이 어두운 말세라,
팔정도 수행법으로 이끌어 줄 수 있는
선지식(스승)을 만나기 어렵다는 것입니다.

사람 몸 얻기 어렵고 불법 만나기 어려운 것이므로
이번 생에 공부하지 않으면 만겁에 다시 만나기
어렵다는 간절한 말씀이니

팔정도 정법을 깨달아 수행할 것을 권장합니다.
이번 생에 미련 없이 후회 없이
다음 생을 준비 잘하고 살았노라고 하는 정도
일대사인연(一大事因緣)을 해결하는 장부로
세상을 살아야 합니다.

자신이 태어나고 싶어서 태어난 사람 있나요?
아무도 없대요?

아들딸 자식을 원하는 대로 낳은 사람 있나요?
그것도 없대요?

인간이 태어날 때,
전생의 업(業) 때문에 자신도 모르는
업연(業緣)에 이끌리어 태어난다고 합니다.

부모는 이런 자식을 원하오니
이런 자식을 인연 되게 해주세요.
해도 안 되는 것은, 전생의 업에 따라

인연(因緣) 지어지기 때문이랍니다.

전생에 지은 업연에 따라 부모 형제 많은 인연 등,
내가 태어나야 하는 장소까지 정해진다고 하
니...

이렇게 태어난 인생이기에
현생을 어떻게 살아야 하는지
생각해 보아야 하지 않을까요?
이생에서 이 몸을 벗어버리고
저승이란 곳으로 돌아갈 때,
'이번 한 생은 좋은 인연 잘 짓고
행복한 인생을 살 만큼 잘 살았으니
인간 세상에 미련 없이 후회 없이
다음 생을 준비 잘하고 가노라' 하고

후손들에게 유언하기를,
수없이 많은 육도윤회를 하는 중에
이번 생에는 수행을 잘하여

좋은 인연 많이 짓고 공덕 쌓아
다음 생을 준비 잘하라고.

그렇게 유언하시길 바랍니다.
재산 많이 주는 유언하지 마세요.

자경문(自警文)에
내무일물래(來無一物來)
올 때 한 물건도 없이 왔고
거역공수거(去亦空手去)
갈 때 또한 빈손으로 간다.
자재무연지(自財無戀志)
자기 재물에도 연연할 것 없거늘
타물유하심(他物有何心)
남의 재물에 어찌 마음을 두랴.
만반장불거(萬般將不去)
만반으로 갖춘 것도 못 가져가고
유유업수신(唯有業隨身)
오직 업만이 이 몸을 좇을 것이라.

삼일수심천재보(三日修心千載寶)
삼일 동안 닦은 마음은 천년의 보배가 되어도
백년탐물일조진(百年貪物一朝塵)
백년 동안 탐한 재물은 하루아침에 티끌이 되느
니라.

이번 생을 미련없이 후회없이 잘살다 가노라고
하는
대장부로 살아야 합니다.
소승이 병문안을 가보면,
노 보살님들 하시는 말씀이
"스님 나 아파서 못 살겠어요." 라며
빨리 죽었으면 좋겠다고 합니다.

"스님, 안 아프고 빨리 죽는 방법은 없습니까?
어떻게 기도 좀 해주세요." 하시길래

보살님, 이제 이 세상에 미련 없나요?
후회하고 참회할 일 없나요?

있으면 이제부터 부처님께 참회하고
부처님의 은혜에 감사기도 먼저 하세요.

이 세상에 태어나게 해주신 부모님께 감사기도
하셨나요?
인생을 함께한 남편과 자녀들에게
좋은 인연 함께 해주어 감사하다고 감사기도 하
세요.
그리고 현생에 함께 하였던 일가친척
이웃과 친구 모든 인연들과 왁자지껄
잘 살다 간다고 부처님께 고하세요.

그리고 다음 생에도 부처님의 법을 만날 수 있도
록
부처님의 나라에 나도록 인도해 주세요, 하고
기도하시면 됩니다.
소승도 그렇게 기도해 드리겠습니다.
옛적에 도인 스님들께서는 항상
다음 생을 준비하는 삶을 살았다고 합니다.

그래서 자신의 운명의 날을 알면 천천히 음식을
줄이면서 몸의 힘을 빼고 부처님!
저의 이 몸을 자연으로 인도해 주세요.
저는 이제 이 몸을 떠나려 합니다. 하고
자신의 육신이 속세에 인연(因緣)하여 올 때
부모님의 유전자로부터 빌린 것이며
이 몸을 유지하는 것은 지수화풍(地水火風)의 원
소를 섭취하여 지금까지 잘살았으니

이제 이 몸을 자연으로 돌려보낼 때가 되었구나.
생각하고 나무아미타불 염불하셨다고 합니다.

보살님께서도 이 고통을 저버리는 방법은
오직 한 가지!
이제 이 육신을 벗어나 해탈 열반에 드는 방법이
나무아미타불 염불뿐입니다.
아미타 부처님을 염불하는 힘으로
모든 고통에서 벗어나는 것입니다.

아미타불 염불 기도할 때 꼭 가족이 함께 동참하
시고,
몸의 힘을 다 빼고, 마음을 쉬게 하셔야 합니다.
그리고 이렇게 기도 발원해 보세요.
아미타 부처님!
저의 영혼을 부처님의 나라로 인도해 주세요.
저는 이제 이 몸을 떠나려 합니다. 하고,
나무아미타불 염불을 일심으로 하시면,
아미타 부처님께서
보살님을 영접하러 올 것입니다.

그때는 밝은 빛으로 함께 오나니
부처님께 다 맡기고 대광명의 빛으로 따라가세요.

몸의 힘을 다 빼고 부처님만 생각하세요.
법당에서 부처님께 올린 생수를 매일 마시게 하
시고
나무아미타불 염불을 일심으로 하면,
반드시 이 몸의 고통에서 벗어나 부처님의 극락

세계로 인도되어
연꽃 보좌에 태어날 것입니다.

이 방법을 알려주고 함께 기도해 주니
많은 분들이 그런 상태에서 정말 고통에서 벗어나
너무도 편안하게 돌아가신 모습들을 보았습니
다.
그렇게 기도해 보세요.

한번 믿고 해보세요.
특히 가족들이 이렇게 기도해 주시고
이 말을 믿고 함께 손을 잡고 기도해 주세요.

명심할 것은, 반드시 몸에 힘을 빼라 하시고,
법당에 올려놓았던 생수(감로수)를 마시고
그래야 고통이 없어지기 시작합니다.

그리고 저 극락세계, 그곳에는 너무도 아름답고
온갖 꽃들이 조화롭게 피어나

당신이 원하는 일은
마음만 먹으면 다 이루어진다는
진실 어린 희망을 품고 갈 수 있도록
반드시 희망을 심어 주어야 합니다.

희망을 갖고 사는 사람은 아무리 어렵고
고통스러운 현실에 직면하더라고
그 고통을 넘어갈 수있는 힘이 되며
소망이 되어 반드시 이루어지는 것입니다.
이 말을 명심하셔야 합니다.

이 순간도 알 수 없는 병마와 싸우며
마지막 생을 정리하려는 많은 분들에게
이 기도를 꼭 시키시어
삼일수심천재보(三日修心千載寶)
사흘 닦은 마음이 천년의 보배가 되도록
이끌어 주셨으면 합니다.

아직 천도 되지 못하고 중음신(中陰神)으로

떠도는 영가들에게도,

중음신(中陰神)으로 배회하는 유주무주 고혼들에게
나무아미타불 염불 기도 공덕 받으시고
아미타 부처님께 마정수기 받으시어
극락세계의 연꽃 보좌에 태어나시라고 기도해
주세요.

이생의 삶에 대한 애착이 강한 사람이나
불연으로 인한 사고사로 죽음을 맞이한 영가도
업연으로 맺은 원한의 고리를 풀지 못하면
구천을 떠도는 중음신(中陰神)이 되어
자신이 거할 몸을 찾아 빙의되기도 한다 합니다.
빙의(憑依)가 되는 영가들은 대체로
한(恨)이 서리고 원(寃)이 서린 영가들인데

천도 되지 못한 지독한 영가들이 빙의가 되면,
독기와 냉기를 뿜어내어 그 인간은 너무나
고통에 시달리게 되는 것입니다.

이런 사람은 시름시름 하다가 차츰 중병으로
사회생활을 못 하기도 합니다.

굶주려 죽은 영가가 빙의되면
걸신들린 사람처럼 아무리 먹어도 배고프다고
하는데
가족 중에 빙의된 분이 있으면 구병시식을 하는데
어떤 증상을 보이는지 상세하게 적어서
무엇을 풀어주어야 하는지 알고
구병시식을 먼저하고 천도하여야 합니다.

상가에 갔다가 상문으로 고통받는 사람의 증상
으로
온몸이 으스스 춥고 떨리더니
머리도 아프고 속도 메스꺼우며, 어지럽고
소화가 안 됩니다. 하는 사람이 가장 많고요.

뼈 골속까지 한기가 들어서 한여름에도 이불을
뒤집어쓰는 증상을 보이는 사람이 있고,

잠을 자다 보면 몸이 계속 방바닥으로 가라앉는
것 같고,
온몸에 힘이 없어 의욕이 없고
아무것도 하기 싫다는 사람,

눈은 초점을 잃어버리고 눈이 충혈되고 쑤신다.
앞이마가 아프고 왼편이나 오른편 머리에
손바닥 만한 쇠똥이 딱 붙어 있는 것 같이
답답하며 속은 쑥쑥 거리고 쑤신다는 사람,

뒤 목을 만져보면 차고,
온몸 부분 부분에 한기가 들고 식은땀이 많이 난
다는 사람

왠지 모를 짜증이 나고 화가 치밀어
나의 마음이 아닌 것 같고 마음의 조절이 안 되
는 사람,

온몸이 아파서 죽겠는데

이런 사람이 병원에 가서 진단해 보면
아무렇지도 않다면서 스트레스 증상이라고 하며
약을 주는데 수면제 안정제 정도이다.
이런 사람 너무나도 많습니다.

또한 저녁만 되면
온갖 생각이 떠올라 잠을 잔다고 하지만
수많은 생각 속에서 잠을 한잠도 못 잔다고 하는
사람
어떤 사람은 몇 년씩 잠을 못 잔다고
하소연하는 사람도 많아요.

주당을 맞거나 귀신에게 빙의가 된 사람이 죽어서
또 산 사람에게 빙의가 되면 너무나 힘들어
이때는 한두 번 천도재를 해서도 잘 안된다고 합
니다.

이들은 반드시 가족이 지장 기도를 일념으로 하여
전생의 빙의뿐만 아니라,

현생의 빙의도 천도(薦度)해야
겨우 벗어날 수 있다고 합니다.

부처님 당시 신통 제일 목련존자도
자신의 어머님이 철산 지옥에서 천도 되었으나
또 다른 지옥에 떨어져 다시 천도했는데
또 아귀의 세상에 떨어졌다.

그러나 또다시
천도하여 천상으로 천도하기까지 여러 번의
천도를 했던 것입니다.

영가의 이름으로
부처님에게 공양을 올린 공덕으로
불보살님들과 조상신의 원력이 합일되면서
내 몸에 빙의된 영가도
지장경의 내용을 깨달아 알게 되어
불보살님의 안내로 좋은 곳으로 천도가 되는 것
입니다.

이제 알아야 합니다.

이 세상에서 가장 강한 신은 자신(自神)입니다.

그래서 부처님께서도

너 자신(自神)을 믿어라, 하신 것입니다.

자기 자신(自神)을 믿는 것으로 다시 말하면

자신(自神)이 나 스스로가 신(神)이다. 하고

믿어야 다른 신(神)들의 접촉을 막을 수 있습니다.

마음에 틈이 보이면 귀신(鬼神)이 침입하는 것입니다.

벽극풍동(壁隙風動)

벽에 틈이 생기면 바람이 들어오고

심극마침(心隙魔侵)

마음에 틈이 생기면 마가 침범한다.

비바람이 부는 어두운 밤에 밤길을 걸어가다 보면

그만 무서워하고 두려워하며 공포에 휩쓸리는데

그것을 받아들이는 순간 오싹한 느낌만 일어나도

마음에 틈이 생기면 귀신과 접속이 되는 것입니다.

또 상주들이 돌아가신 분을 그리워하고 슬피 울면
그 사람에게 빙의가 되는 경우도 너무나 많습니다.
이 경우 잘못하면 줄초상 치르게 될 수도 있습니
다.

그래서
상주들이 돌아가신 분을 붙들어 너무 울고 붙잡
고 안타깝게 부르면 안 된다. 하는 말은

돌아가신 분이 저 외나무다리를 건너갈 때,
집안 식구들이 부르면 뒤돌아보아서 외나무다리
를 건너지 못하고 떨어진다는 것입니다.

그럼 그 영가는 중음신(中陰神)이 되어 떠돌게 되고
그러다 가족들에게 빙의가 되는 것입니다.
너무 슬피 울면서 붙잡지 마시고 부르지 마세요.
그럼 돌아가신 영가께서 좋은 데 못 간다, 합니다.
이 말을 명심해야 합니다.
마음은 신(神)이 통하는 문(門)이다, 라는 것을

즉 인간의 마음은 신(神)과 통하는 신통문(神通門)
이다.

그래서 무당이 귀신을 접속하여 생전 모르는
조상의 말을 하기도 하는 것은
마음이 귀신(鬼神)을 접속하는 문이기 때문에
신통(神通)하여 이 같은 현상이 일어납니다.

그러나 전혀 마음에 귀신이 통하지 않는 사람은?
『나』 자신(自神)의 의지를 믿어
마음에 틈을 주지 않으면
귀신이 신통(神通)을 못하기 때문에
빙의에 걸리지 않는 것입니다.

귀신(鬼神)과 악귀(惡鬼)는 우리 마음에
틈이 없으면 절대로 접속하지 못하나니
견고한 신심(信心)으로 불법으로 무장하고
자신(自神)의 근본을 철저하게 믿고 수행해야 합
니다.

그러나 태어날 때부터 체질적으로
빙의가 잘되는 사람이 있습니다.
즉 내리 무당 집안의 혈통(血統)을 타고
유전되어 온 사람들,

이는 조상신들이 공덕을 지어
더 좋은 천상에서 태어나야 하는데 그렇지 못하고
사람의 몸을 통하여 신(神)의 세계를 만들려는
욕심으로 후손들의 몸을 빌리려는 것이니

그 귀신(鬼神)을 천도(薦度)할 수 있는 법력이 되
어야
천도(薦度)가 되는 것입니다.

여기서 『왜』 무당들의 후손들은 혈통으로
내려오면서 신이 통하는 몸이 될까요?

이는 염라국에 가서 귀신들의 왕으로도 못 태어
나고

공덕이 모자라 천상에 신들로도 못 태어나는 사
정으로
자신들의 세계를 만들려는 욕심 때문입니다.

이는 천상의 천신들도 원력이 수승한 신들에게
밀리면
또 다른 천상을 만들어 그곳에서 천왕으로
다른 신들을 모아 왕으로 군림하고
이렇게 28천의 천상의 세계가 존재하듯이

여기서 떨어진 신들이 어둠의 세계 염라국을
만들었고 이 염라국에서도 각각의 신들이 천왕과
귀왕으로 군림하고 많은 권속들을 거느리고 있다.

무당에게 실리는 신(神)들은
천상이나 염라국에서 왕으로 군림하지 못하고
인간 세상에서 떨어지는 신들을 모아
자신들의 세계를 만들려는 것입니다.

빙의된 귀신을 물리치는 방법은?
부처님을 믿는 신심을 금강석처럼 단단히 하여
정신을 차리고 나무아미타불 염불하여
부처님의 환희심으로 가득 채우고
마음에 틈을 주지 않으면 귀신은 쫓겨가는 것입
니다.

그러나 정신적인 분열이나 마음이 미약할 때
빙의를 받아들이던 기억이 있으면,
오싹한 느낌에도 자신의 마음이 귀신 생각하여
귀신이 드나드는 관문이 되어 버리는 것이다.

이때의 느낌과 생각과 마음을 알아차리고
반드시 나무아미타불 기도하여 생각을 차단하고
일심으로 나무아미타불 기도에 들어가야 합니다.

이 나무아미타불 기도는 삿된 생각과 기운을 멸
하는 원력이 있으니
귀신(鬼神)이 감히 박멸소탕 기운을 뚫고 들어오

지 못합니다.

귀신(鬼神)을 천도(薦度)할 때
아미타불의 대 광명의 지혜의 빛으로 함께 하기에
귀신(鬼神)을 천도시킬 때는 반드시
나무아미타불 기도 염불해야 하는 것입니다.
나무아미타불 염불을 입에 달고 살면
빙의로부터 벗어나게 되며,
모든 귀신들이 이 기도 공덕을 받아
천도 되고 나무아미타불 기도가 익어지면
삿된 생각과 삿된 기운을 멸하는 힘이 있으니

반드시 삿된 생각이나 싸늘한 기운이 느껴지면
그러한 생각이나 마음이 일어나지 못하도록
삿된 기운을 소멸시키는
나무아미타불 기도 생활을 하시기 바랍니다.

자신의 마음에 빙의가 한번 일어나면
자주 드나들 수 있는 길이 나버리니

정신 바짝 차리고 살아야 합니다.

나무아미타불 기도하면서 이 기도 공덕을 받아
아미타불의 마정수기 받으시고 극락세계에
상품상생(上品上生)에 태어나소서! 하고
축원해 주면 더 큰 공덕이 될 것입니다.

19. 부처님께 기도할 때는

- 몸을 단정히 앉아 부처님 존안을 대하듯 하라.
- 입으로 잡다한 희소는 금하라.
- 마음의 잡다한 인연을 쉬어라.
- 청정한 의식인 주인공에 맡겨라.

우리가 기도하는 방법이 사시 기도할 때
의식 순서대로 하면 됩니다.

1) 부처님께 귀의하고
2) 부처님께 기도하기 전에 몸과 마음을
   깨끗하게 하는, 참회 기도하는 것이다.
   부처님의 마음과 통할 수 있도록 공(空)이 되어
   야 한다.
3) 관세음보살과 같은 대자대비심을 회복하기 위
   하여
   대다라니 기도할 때 환희심이 회복될 때까지

기도하는 것입니다.

4) 부처님께 정성과 마음을 다해 공양 올리고
최고의 공양은 마음 공양입니다.

5) 그리고 발원하고 원력을 세우는 것이다.

6) 오늘 기도 공덕을 일체중생이 다 성불하시라
고 축원하고 회향하는 것이다.

1) 부처님께 귀의하라
나를 낮추어 나의 몸과 마음을 불법승
삼보 전에 귀의하여 삼배의 예를 올린다.

2) 부처님께 기도하기 전에 몸과 마음을
깨끗하게 하는 참회 기도하는 것이다.
부처님의 마음과 통할 수 있도록 공이
되어야 한다.

모든 기도를 하기 전에는 반드시 정구업진언
해서 입을 깨끗이 맑혀 냄새나지 않게 한다.
오방의 신들이 옹호하시라고 당부하시고

부처님을 만나기 위해서는 진 참회를 해야 합니다.

〈문제〉

진 참회가 무엇이래요?
진 참회가 무엇인지 모른다고요. 천수경에 있는데…
그래서 천수경을 염송하는 것입니다.

죄무자성종심기(罪無自性從心起)
죄에는 자성이 없다. 마음 따라 일어나나니
심약멸시죄역망(心若滅時罪亦亡)
만약 마음이 멸할 때 죄 역시 망한다.
죄망심멸양구공(罪亡心滅兩俱空)
죄가 망하고 마음이 멸하여 양구 공이 되면
시즉명위진참회(是卽名爲眞懺悔)
이를 이름하여 진 참회라 하는 것이다.

신구의(新舊醫) 삼업으로 지은 죄업을 참회하여

부처님의 마음과 통할 수 있는 비어있는
공(空)한 자리로 돌리는 것입니다.
그래서 부처님의 마음이 통하기 위해서는
참회기도(懺悔祈禱)부터 하라.

참회(懺悔)란
나라는 아상(我相), 자존심의 경계를 허물어
공(空), 청정한 의식으로 돌리는 것이다.
진정으로 참회가 되면 똑같은 생각이 일어나는
즉시 그 생각을 알아차려
부처님 입장에서 생각하고 생각을 사유하여
청정한 의식으로 돌려 부처님을 염하면서
부처님께서는 이런 생각을 어떻게 했을까? 하고
염불하게 되는 것입니다.

3) 관세음보살과 같은 대자대비심을 회복하기
   위하여 대 다라니 기도하여
   환희심이 회복될 때까지 기도하는 것입니다.

신묘장구 대 다라니 주력 기도할 때는

1) 관세음보살은 이 대다라니 기도를 어떻게 했을까? 하고 의문하면서 기도하라.

2) 우선 암송이 되어야 한다.

3) 내 소리를 숨죽이고 고요적정한 자리에서 소리를 들어야 한다.

4) 소리가 온몸으로 공명이 되고 단전에 에너지가 쌓여야 한다.

5) 호흡과 소리가 끊어질 듯 이어지고 고요한 자리에서 바라본다.

6) 소리는 듣는 의식이 청정해야 하고 소리와 하나가 되어야 한다.

7) 대다라니 기도할 때 소리를 듣는 의식이 청정하고
환희심과 대자 대비심이 회복할 때까지 기도한다.

4) 부처님께 공양 올리는 것입니다.
   최고의 공양은 몸과 마음과 생명까지
   다 부처님께 귀의하는 소신공양입니다.

선인선과(善因善果) 악인악과(惡因惡果)라
선한 마음 먹으면 선한 과를 맺고
악한 마음 먹으면 악한 과를 맺는다.
이것이 인과응보라 했으니

우리가 부처님 마음먹으면 내 속에 불성(佛性)이
회복되어
부처를 이루는 것이고,
악한 마음 탐진치 삼독심을 먹으면 죄업으로
내 속에 악마 마왕이 자라는 것이다.

그래서 우리 불자들은 선인선과(善因善果)
악인악과(惡因惡果) 하면 이 한마디에 깨달아야
합니다.
부처님께 올리는 공양 중에 최고의 공양은

부처님 마음먹는 것이구나 하고 깨달아야 한다.

5) 그리고 발원하고 원력을 세우는 것이다.
제일 먼저 부처님의 원력을 이루어 주옵소서!
기도하라.
부처님의 원력이 이루어지면
우리의 원력과 소원은 자동으로 이루어진다.

부처님께 맡겨놓은 것도 없으면서
매번 달라고 기도하지 말고 자격을 갖추어라.
부처님의 아들 불자(佛子)가 되어야
재산 상속을 받을 수 있는 자격을 갖춘 것이다.

그리고 부처님께 달라고 기도하라.
기도 성취가 되려면 부처님 마음과 일치되어야
한다.
즉 텔레파시가 통해야 한다.
부처님과 한마음으로 통해야 하지 않겠는가.

원력을 세워라.
미운 사람, 못마땅한 사람, 저 원수까지도
부처님의 법을 전해서 꼭 구원할 대상으로
원력을 세워라.

부처님께 기도할 때
먼저 부처님의 원력이 이루어지도록 기도하고
우리가 불자(佛子) 부처님의 아들이니

부처님의 전 재산을 상속해 달라고
기도하라는 것은?
부처님의 지혜(智慧)를 획득하여
부처님의 지견(智見)을 열어
지견(智見)에 들어갈 수 있도록 해 달라고
기도하는 것입니다.

그리고 불법이 전해지도록
전법수행(轉法修行)하라.
내 집안 식구들부터 포교하라.

집안이 화평하기 위해서는 마음공부를 해야 한다.
마음에 희망과 환희심이 넘쳐나게 기도하라.
서로의 마음을 알아주고 서로의 사정을 이해하고
마음의 고통을 서로 나누어 주고받고
서로 마음을 터놓고 좋은 방법을 찾아내도록
부처님께 지혜를 묻고
위로하고 칭찬하라. 안 되는 일이 없다.

온 집안이 화평하려면,
상대를 부처님으로 여겨라.

상대 부처님 감사합니다. 기도하라.
상대가 부처님이 되면 나도 부처님이 된다.
온 식구들이 다 부처를 이루니
온 집안 식구들이 불국정토가 이루어지리라.
이것이 전법수행(轉法修行)의 극치이다.

공덕을 쌓는 방법 중
법보시(法布施)가 최고이다.

제불보살님들도 이 원력을 세워 불도를 성취하
였다.

6) 마지막은 오늘 기도 공덕을 일체중생이
다 성불하시라고 축원하고 회향하는 것입니다.

나의 축원이 나올 때만
부처님께 절하면서 기도하는 것이 아니고
다른 사람의 이름이 나오면 함께 기도하고
축원하면서 오늘의 이 기도 공덕을 다 함께
축원해주고 부처님께 기도하는 것입니다.

그리고 반드시 자신이 포교해온 사람을 축원해
주고
이 어려움을 극복할 수 있는 부처님의 지혜를
깨닫게 해 주시옵소서!
부처님과의 인연의 줄을 놓지 않도록
길상의 문을 열어 좋은 인연 맺어주시옵고

하고자 하는 일 성취되도록
부처님의 원력으로 이루어 주시옵소서 기도하
라.
기도할 때는 반드시 약속해라.

1) 기도 수행은 반드시 약속해야 합니다.
기간(날짜)을 정하고 시간을 정해놓고
하루도 빠지지 말고 기도해야 합니다.

계란은 21일이면 부활하여 병아리가 된다.
계란이 부활하는 동안 암탉이 품어주는 시간이
맞지 않는다거나 하루가 지나서 품으면
온도가 떨어져 곯아버린다.

기도 시간을 맞추지 못하고 날짜를 지나면
불성이 부활하지 못하고 마왕만 자성한다.
꼭 명심해야 합니다.

21일 첫 기도 시간은 『나』라는 아상(我相)의

영적 무덤에 갇혀있던 불성이 부활하는 시간이
다.
그러니 절대로 시간 엄수하고 하루도 빠지지 말
고 기도하라.

21일 기도를 정해놓고 하다가 하루 못했으면
다시 처음부터 21일을 다시 정해서 하루도
빠지지 말고 기도해야 합니다.

21일 기도를 5번을 연속해야 합니다.
100일이면 새싹이 나고 어엿하게 자라서
제 모습으로 확인할 시간이 되듯이
사람이 태어나서 백일 상을 차리는 이유와 같나
니
이 정도 각오 없이 기도 수행한다고 하지 말라.

기도하는 시간은
자신의 견해 분별 의식을 내려놓는 시간이며
나라는 아상(我相)과 자리싸움을 하는

시간입니다.

『나』라는 아상(我相)이 멸하면
청정한 의식으로 초발심이 회복된다.

불성(佛性)이 회복되면 대비심과 환희심으로
기도의 원력의 힘이 배가 되어
원하는 일이 성취되는 것입니다.

2) 굳건한 믿음을 가져라.

자등명(自燈明) 법등명(法燈明)을 믿어라.
자등명(自燈明)은
본래 스스로 밝은 지혜를 갖추고 있는
불성이 "나의 진면목(眞面目)이니 자등명(自燈明)
이다.

마음을 먹고 쓰는 것도 『나』요,
온갖 신통력을 갖추고 있는 자신(自神)이니

자신을 믿어라.

법등명(法燈明)
부처님의 말씀은
온갖 지혜를 밝히는 등불이라.
너희는 본래
스스로 밝은 지혜를 다 갖춘 깨달은 부처이다.

인과응보(因果應報)를 받는 것은
무명(無明)으로 떨어졌기 때문이다.

무명(無明)에서 벗어나 본래의 밝은 지혜를 밝히
는
방법을 설한 것이 부처님의 법등명(法燈明)이다.

믿음을 굳건히 하고 수행하라고 선지식들께서
신위도원공덕모(信爲道元功德母)
믿음은 도의 으뜸이며 공덕의 어머니라.
장양일체제선법(長養一切諸善法)

모든 선한 법을 길러낸다.

신무구탁심청정(信無垢濁心淸淨)
믿음은 때가 없이 더러운 마음을 깨끗이 하고
멸제교만공경본(滅除憍慢恭敬本)
교만을 멸해 없애는 것이 공경의 근본이다.

3) 몸과 마음을 조복(調伏) 받아라. 던져라.
깨진 항아리에 물을 가득 채우듯이

몸으로 오는 고통을 조복(調伏) 받아야 하고
몸으로 오는 유혹을 조복(調伏) 받아야 하고
몸으로 오는 식욕(食欲)의 마(魔)
수면욕(睡眠欲)의 수마(睡魔)
음욕(淫慾)의 음마(淫魔)
조복(調伏) 받아야 한다.

몸을 조복(調伏) 받기 위해서는

내가 아닌 것들이 모여 내 몸이라고
착각하고 있다는 것을 깨달아야 한다.
마음을 조복(調伏) 받는 방법은
이는『나』를 한번 크게 죽여야 한다.

자신의 가장 강한 자존심을 크게 한번 죽여라.
그러면 부처님의 일체지(一切智)를 깨달아
마음의 참 자유를 성취하게 된다.

마음먹으면 쌓인다.
녹음된다.
먹고 또 먹으면 쌓이고 쌓여서
상대가 건드리면 튀어나온다.
레코드판에 축이 놓이면 음악이 흘러나오듯이

그 사람의 말은 마음의 표현이다.
남을 저주하고 미워하고 흉보면서 못마땅한 말
을 하는 사람
내가 마음먹어서 쌓아놓은 마음이 말로 표현된

것인데
모든 것을 다른 사람 탓으로 돌리는 사람이 있다.

이런 사람에게는 단 한마디 한다면
물은 같은 물인데
독사가 먹으면 무엇을 만드느냐고 묻고
이런 사람은 감사기도를 가르쳐야 합니다.

불자(佛子)님들은
'내가 마음먹어서 쌓은 마음이니 내 탓이 분명하
다' 깨우치고
상대가 나의 쌓인 감정을 건드려서 못마땅하고
화가 나면
'아! 여기에서 내가 이런 감정의 마음을 쌓아놓
았구나' 하고 깨우치고
바로
'내 마음에 쌓인 감정을 소멸해 주시려고 상대
부처님께서 나에게 가르쳐 주시니 감사합니다.
덕분에 이러한 마음에 쌓인 업장을

소멸할 수 있도록 깨우쳐 주시니
상대 (남편. 아내, 아들, 딸, 친구) 부처님
정말 감사합니다.' 라고 기도하라.
이때가 마음이 조복 받아지는 것이다.
이때가 바로 내 마음을 알아차리고
이 쌓인 업장을 소멸하고
참 『나』 불성(佛性)으로 부활(復活)하는 참 수행이
다.
만사에 감사하는 기도가 부처가 되는 길입니다.

기도 성취하여 성불하세요.

20. 108배 참회기도 법

참회기도란?
나를 낮추어 『나』라는 자존심의 경계를 허물어
빈 마음,
공(空)의 자리로 돌리는 시간입니다.

저녁기도는 반드시 108 참회를 해서 하루 동안
어떠한 마음을 먹고 살았나 반성하고,
오해하여 못마땅한 마음이 아직 남아 있으면
상대의 입장에서 생각해 나를 이해시키고,

정사유(正思惟)하여
생각하고 또 생각해 상대의 입장이 이해되면
자신의 자존심을 내세운 것을 참회하시기 바랍
니다.

108배 참회기도

절 수행은 몸과 마음을 비우는
불교의 기초 수행 비법이다.

1. 몸의 느낌과 호흡을 관하며 절한다.
내려갈 때 숨을 내쉬고 온몸의 힘을 뺀다.
올라올 때 숨을 온몸으로 들숨 한다.

이 몸은 부처님 궁전이니 항상 맑고 깨끗하게
몸에 긴장을 풀고 뭉쳐서 막힘이 없게 하라.
호흡을 깊고 깊이 하여 몸과 마음에 힘을 빼고
『나』라는 아상(我相), 자존심을 죽이는 마음으로
절합니다.

2. 참을 수 없는 단계에서 끝까지 참는다.
참을 수 없는 단계에서 『나』라는 아상(我相)
자존심을 죽이는 마음으로 끝까지 참고
참을 것이 없는 무상무념이 될 때까지 절한다.
참회하면서 절을 3000배 정도 하면

몸과 마음에 힘이 빠지고 무상무념이 된다.

『나』라는 자존심으로 상대를 대하여 못마땅한
마음먹고 신구의(身口意) 삼업으로 지은 죄업을
진 참회가 될 때까지 참을 수 없는 단계에서
저절로 참아지는 무상무념(無想無念)이 될 때까지
환희심과 자비심이 일어날 때까지 절한다.

3. 감사하는 마음으로 절합니다.
분별심이 『나』라는 자존심이, 아상(我相)이라는
것을 알게 해주시니
감사하는 마음으로 절합니다.

『나』라는 아상(我相)의 견해(見解)로 분별심이 일
어나
좋고 나쁨에 집착하여 생겨난 고통의 원인을
알게 해주시니 감사한 마음으로 절합니다.

상대가 나의 자존심을 건드려 올라오게 했을 때

내 속에 이런 못마땅한 마음이 쌓여 있다는 것을
알게 해주시고 멸해 주시니 **상대 부처님 감사합
니다,** 하고 절합니다.

내 욕심으로 인해 고통이 늘어남을 알게 해주시
고
내 마음대로 안 되면 못마땅해하고 화내는 마음
을
알게 해주시니 이를 참회하는 마음으로 절합니다.

자신과 함께 인연이 되어주시는 모든 도반님께
감사하고 자신의 마음을 일깨워 주신
상대 부처님께 감사하는 마음으로 절합니다.

일체중생이 고통에서 벗어나는 참회의 법을
알게 해 주신 부처님께 감사하는 마음으로 절합
니다.

4. 부처님께 다 던져서 절합니다.
내 몸과 마음 생명까지 부처님 마음 바다에
다 던져 놓고 절합니다.
깨진 독에 물 채우듯이 던져야 채워진다.

부처님께서 현존의 모습으로
내 앞에 계신다 생각하고
너무너무 감사한 마음으로 절합니다.

연꽃 보좌에 앉은 부처님의 상호 앞에
내 몸과 마음 생명까지 내맡긴 마음으로
다 던져 절을 올립니다.

일체를 다 부처님의 마음 바다에 던져야
부처님의 지혜와 지견과 원력의 힘으로
소원하는 바 성취되는 것입니다.

하심(下心)하라.
『나』라는 자존심을 반드시 내려놓아야 합니다.

낮은 데서 임하라.
즉 낮아지고자 하면 높아지고
높아지고자 하는 자는 낮아진다.
108 참회 수행법입니다.

내 마음 수행 방법

글　　　　　금우스님

발행일　　　2025년 10월
펴낸곳　　　도서출판 도반
펴낸이　　　김광호
편집　　　　김광호, 이상미
대표전화　　031-983-1285
이메일　　　dobanbooks@naver.com
홈페이지　　http://dobanbooks.co.kr
주소　　　　경기도 김포시 고촌읍 신곡리 1168번지